# ÉTUDE HISTORIQUE

## SUR LES

# PROFESSIONS

# ACCESSIBLES AUX FEMMES

## INFLUENCE DU SÉMITISME

### SUR L'ÉVOLUTION DE LA POSITION ÉCONOMIQUE
### DE LA FEMME DANS LA SOCIÉTÉ

PAR

## Jeanne CHAUVIN

DOCTEUR EN DROIT
LICENCIÉ ÈS LETTRES (PHILOSOPHIE)
LAURÉAT DE LA FACULTÉ DE DROIT DE PARIS

PARIS

## A. GIARD & E. BRIÈRE

LIBRAIRES-ÉDITEURS

16 — Rue Soufflot. — 16

## 1892

# INTRODUCTION

———

« — Comment définissez-vous les femmes ?

— Un animal naturellement faible et malade.

— Je conviens qu'elles sont souvent l'un et l'autre mais je suis persuadé que c'est un effet de l'éducation, du système de nos mœurs, et point du tout de la nature. »

C'est en ces termes piquants que Diderot, dans un curieux dialogue (1) pose la question de la nature de la femme et de la responsabilité des divers contrats sociaux en ce qui la regarde.

Si comme le dit l'un des interlocuteurs, la femme est un animal naturellement faible et malade, il faut la tenir à l'écart des fonctions qui réclament la réflexion, la santé et la force : à créature débile la tutelle est indispensable.

Si au contraire la faiblesse de la femme est un effet de l'éducation, si elle est la conséquence d'une légis-

(1) Opuscules philosophiques et littéraires, p. 169, Paris, 1796. Impr. de Chevet.

lation injuste et oppressive, il y a devoir et utilité à réformer cette législation.

Le premier point de vue est celui d'une influence théologique particulière, le second est celui du progrès et de la science. D'après le premier système l'humanité est divisée en deux races : l'une condamnée par son infériorité native à l'obéissance perpétuelle ; l'autre obligée à une domination commandée à la fois par la nature et la raison. D'après le second système, l'humanité est une, disposant pour un même but : le bonheur commun de toutes les forces sociales, s'efforçant de les harmoniser et de les conduire à un résultat profitable à tous. D'après le premier système, il y a nécessairement dans le monde, des serfs et des parias ; d'après le second, il y a des êtres égaux en droits et en devoirs.

Le premier est l'expression du fait primitif nécessaire, tendant à maintenir les organisations primordiales, le second, l'expression d'une notion supérieure, la notion d'équité, s'efforçant d'introduire des innovations et des améliorations en la coutume vieillie ; celui-ci soutint l'infériorité entrainant la subordination nécessaire, celui-là, l'égalité conduisant à assurer à la femme les mêmes droits qu'à l'homme.

Le principe de l'infériorité et de la subordination qui s'imposa avec le despotisme de la force dans la majorité des sociétés primitives, triompha longtemps et l'emporta d'abord sur le principe progressiste. Ce ne fut que dans un petit nombre de civilisations privilégiées, que la notion d'équité domina dès le début ;

dans les autres, la lutte fut longue et marquée par des alternatives de revers et de succès, qui retardèrent jusqu'à nos jours, la solution définitive de cet important problème social.

La condition des femmes peut être envisagée sous divers aspects : au point de vue civil, politique, économique.

Le principe traditionnel les confondit pour refuser tous droits à la femme. Le principe progressiste les distingua pour la relever successivement des incapacités primitives et lui accorder, de degré, en degré, de nouveaux droits en harmonie avec la marche, ascendante de l'évolution.

Au point de vue civil, la notion d'équité l'a emporté définitivement sur le principe traditionnel : à peu d'exceptions près, et par un progrès lent mais continu, il a réalisé l'égalité de l'homme et de la femme.

En ce qui concerne les droits politiques et les droits quasi-publics, tels que la capacité d'être témoin instrumentaire, celle d'exercer une tutelle, les réformes moins avancées, révèlent cependant la même tendance à faire triompher le principe progressiste (1).

Quelle sera la situation de la femme au point de vue économique ? C'est à ce seul point de vue de la législation économique et sociale, et en réservant les droits purement politiques ou touchant indirectement

(1) M. Ostrogorski. La Femme au point de vue du Droit public, p. 183 sq., p. 191.

à la capacité politique, que l'on se propose d'étudier ici les droits de la femme.

Rationnellement et philosophiquement, l'égalité se conçoit et s'impose en ce domaine, comme dans les précédents ; l'application complète de la notion d'é-quité semble en outre, y être d'une impérieuse néces-sité : en admettant même avec les traditionnalistes que le rôle principal de la femme soit d'élever des enfants, encore faut-il qu'elle puisse remplir ce devoir effectivement. Et si l'homme doit en principe fournir à la subsistance et à l'entretien de la famille, encore faudrait-il qu'il y pût suffire. Or, c'est le contraire qui arrive quelquefois, souvent aussi, pour des causes diverses, c'est la femme seule qui supporte les charges de la famille ; il faut donc qu'elle puisse exercer une profession pour entretenir son ménage.

Est-il nécessaire qu'elle puisse les exercer toutes, ou doit-on limiter le nombre de celles qui lui seront accessibles ?

Le principe de la liberté des professions et l'idée d'équité font prévaloir la réponse progressiste : Toutes les professions doivent être accessibles aux femmes.

L'utilité sociale et les lois économiques donnent la même réponse ; si toutes les carrières sont également ouvertes aux hommes et aux femmes, la Société aura une somme double d'intelligences à employer à ses services : pour que les femmes puissent exercer une profession avec quelque utilité, il faut que toutes leur soient ouvertes, sans quoi, l'encombrement de celles qui leur seraient accessibles, les empêcherait d'en retirer aucun profit.

Devra-t-on au moins distinguer entre les professions proprement dites et les fonctions publiques ?

Si on a pu autrefois établir cette distinction, elle ne s'impose plus aujourd'hui, elle tend même à disparaître de jour en jour : tandis que dans les Etats anciens, la fonction publique était le plus souvent une charge intermittente, honorifique, octroyée ou imposée aux riches de la Cité, dans les Etats modernes s'accuse de plus en plus la tendance à y faire prédominer le caractère professionnel et lucratif: celle-ci aujourd'hui devient une profession, nécessitant souvent des études spéciales, imposant des occupations permanentes, et fournissant à l'individu un moyen honorable de gagner sa vie. Or, si on définit la profession un emploi destiné à procurer à l'individu de quoi vivre et de quoi fournir à l'entretien de sa famille, et si, dans ce but, on ouvre aux femmes un libre accès à toutes les carrières, les fonctions publiques permanentes, présentant un caractère lucratif, doivent rentrer dans la définition et être accessibles aux femmes au même titre que les autres professions.

Faudra-t-il donc alors distinguer entre les fonctions publiques de pure administration et les fonctions publiques gouvernementales (1). La question qui ne

(1) M. Ostrogorski. La Femme au point de vue du Droit public, p. 132 sq.

se posera plus, quand l'esprit progressiste aura atteint
dans l'évolution des droits politiques, le même degré
que dans les droits civils, semble devoir être résolue,
même actuellement, dans le sens progressiste. Toutes
les fonctions publiques tendant à devenir de véritables
professions, le caractère politique s'efface devant le
caractère professionnel ; les avoués, notaires, huissiers,
les magistrats, les juges, sont des hommes de profession, avant d'être des citoyens investis de droits politiques. Or, si on admet les femmes à remplir les
fonctions d'employé, de professeur, d'inspecteur, au
même titre que les hommes jouissant de leurs droits
de citoyen actif, pourquoi ne les admettrait-on pas à
exercer de même les autres fonctions ? Il semble que
logiquement, partout où la profession domine dans la
fonction, celle-ci doive être accessible aux femmes.

L'histoire de l'évolution, dans la condition économique des femmes, devra fournir des éléments de solution qui compléteront les raisonnements philosophiques. Comme dans la question générale, cette évolution particulière présente les mêmes alternatives de
triomphes et de défaites du principe libéral ; on y peut
suivre l'influence d'abord croissante de la notion d'é-
quité, s'imposant avec les progrès de la civilisation
jusqu'à dominer et à faire disparaître presque en la
pratique des derniers siècles de l'empire romain, les
conséquences du principe traditionnel. Ce principe fut
ensuite remis en honneur par les Pères de l'Eglise et
les juristes du moyen âge qui imprimèrent par là, un

puissant mouvement de recul à l'évolution; les traces ne commencèrent à s'en effacer qu'au cours du XIX⁰ siècle, elles subsistent, profondes encore, même de nos jours. Si on admet aujourd'hui que la femme peut exercer une profession, si on lui a ouvert successivement la plupart des professions privées et quelques-unes de celles qui ont le caractère de fonction publique, on hésite encore à l'admettre à certains offices regardés comme supérieurs, et même quand ils n'impliquent pas la capacité politique. Cette exclusion partielle et systématique ne peut, semble-t-il, s'expliquer que par l'histoire; il y a là, comme un phénomène de survivance des vieux principes traditionnels non encore abattus, derniers vestiges des préjugés d'infériorité physique, d'incapacité intellectuelle, et de perversité morale accumulés contre les femmes, par les religions antiques et par la religion juive remise en honneur et fondue au moyen âge avec le christianisme, pour justifier et fortifier le despotisme primitif de la force, imposant la soumission et la subordination en retour de la protection.

# DROIT ANCIEN

Aussi loin que l'on peut remonter dans l'histoire de la formation des groupements sociaux et, sans s'arrêter à la période primitive de confusion et de rapports purement communistiques, on rencontre deux formes primordiales servant comme de points de départ à deux modes généraux de l'organisation *étatique*; le groupement par les femmes et le groupement par les mâles. Toutefois il ne faut pas négliger la première étape.

D'après un système généralement admis par les auteurs (1), il y aurait eu entre les trois modes, de la horde, du maternicat et du paternicat, une succesi on logique et nécessaire dominée par une loi naturelle d'évolution; l'humanité aurait commencé par traverser une période universelle d'hétaïrisme (le régime tribal), période primitive et chaotique de la parenté communistique; puis les femmes s'étant révoltées contre un

(1) Muirhead. Introd. du Droit privé de Rome. Bachofen das mutterrecht. John Lubbock. Origines de la civilisation, p. 80, 133, 137 *et passim*.

système aussi préjudiciable à leurs intérêts qu'à leur dignité, il en serait résulté un changement de régime, soit, une période de civilisation gynécocratique caractérisée par les institutions féministes ; enfin, l'homme à son tour, après s'être rendu maître de la femme, serait parvenu à la domination dans la famille et dans la société ; l'élément naturel de la maternité aurait alors fait place à l'élément supérieur de la paternité, le droit maternel, au droit paternel. La substitution du paternicat au maternicat aurait été aussi nécessaire au développement des sociétés que celle du maternicat au régime de la horde. Excluant, s'il avait persisté, tout progrès et toute civilisation, le maternicat, disent la majorité des auteurs, n'a eu sa place dans l'histoire que comme intermédiaire entre l'inférieur et le supérieur ; il n'est qu'un échelon, un degré transitoire, utile sans doute, mais condamné par la nature même de l'évolution, à disparaître devant la forme supérieure du gouvernement par les mâles.

Ce système très séduisant par la simplicité, l'aspect logique, la régularité esthétique, a cependant été vivement attaqué en ces derniers temps (1), et sans entrer dans les détails de la controverse, peut-être avec raison. Bien que l'hypothèse semble satisfaisante en son ingéniosité, elle n'a pas la certitude d'une vérité histoquement démontrée.

Au premier degré, dit-on, il y eut le régime de la

(1) Starke. La Famille primitive, 1891.

horde ; mais il semble au moins téméraire de conclure
de certains renseignements isolés, à l'universalité,
dans les Etats primitifs, de la parenté communistique (1) ; au contraire, les plus divers régimes ont pu
coexister dès l'origine, et si l'on veut chercher des
exemples dans la nature, chez les animaux, la famille
est organisée sous les formes les plus variées, commu-
nistiquement chez la plupart, maternellement chez les
abeilles et les fourmis, paternellement chez certains
poissons (2). Il a pu en être de même dans l'humanité, telle race a pu pratiquer le système communistique, tandis que telle autre, dans la même période
historique, pratiquait le système paternel, et telle
autre, le système maternel.

On ajoute : la seconde forme générale fut le maternicat : sans doute, ce régime a été très répandu ; les
légendes qui s'y rattachent, les traditions religieuses
et poétiques dont l'influence et la durée furent considérables, renferment quelque chose de profondément
réel et racontent plus d'un fait positif ; d'autre part les
renseignements que nous fournit la science, sont indis-
cutables, mais il n'y a pas là, semble-t-il, lieu, de
conclure à la généralité.

La substitution du paternicat au maternicat, dit-on
enfin, fut universelle et elle était nécessaire à l'évolution sociale.

(1) Bridel. La Femme et le Droit, p. 50 sq.
(2) Espinas. Les Sociétés animales.

Chauvin.                                          2

On invoque, pour démontrer le premier point, la plus grande force musculaire de l'homme; mais le maternicat a pu s'établir au sein des populations vivant à l'état de paix ou suffisamment isolées pour n'être pas exposées aux guerres perpétuelles qui sévissaient ailleurs; le paternicat aurait, au contraire, dominé chez les peuplades guerrières où les femmes, associées au groupe, étaient le plus souvent prises à la guerre (1).

On invoque, sur le second point, la très grande majorité des sociétés fondées sur le paternicat; mais on peut remarquer que l'état de guerre domine à l'origine, et que, si la plupart des civilisations antiques partirent du régime patriarcal, il en exista au moins une, et non la moins développée, que la situation toute privilégiée des femmes semble autoriser à faire dériver du maternicat: la civilisation égyptienne prouverait que le régime du maternicat n'est rien moins qu'un stade transitoire d'évolution, mais qu'une société fondée sur une pareille base a pu fournir au développement d'une civilisation avancée.

Il est presque inutile de chercher un droit pour la femme dans le groupement tout à fait inférieur de la horde; dans ce régime primitif, il n'y a et il n'y peut avoir de régle que la force brutale; la parenté est communistique entre tous les membres de la tribu; les rapports de tribus à tribus sont purement de guerre et de pillage; s'il y a société, il n'y a pas encore

(1) Bridel. Op. cit., p. 51.

d'organisation étatique, ni gouvernement, ni administration, ni même de fonctions distinctes; la position de la femme, en ces ébauches de groupements, ne peut être que celle d'une capture. Le vainqueur a sur sa proie un droit absolu ; il aurait pu la tuer, la manger, il a le droit d'en faire son esclave, de la faire travailler pour lui, de la renfermer chez lui, il a sur elle, droit de vie et de mort.

Il faut arriver aux groupements supérieurs fondés sur le paternicat ou le maternicat pour reconnaître les éléments constitutifs de l'État, et y rechercher la position économique des individus.

Celle de la femme est très différente, suivant que la société est fondée sur l'un ou sur l'autre de ces deux principes : au premier cas, elle a des droits au moins égaux à ceux de l'homme, au second, le principe, à l'origine est presque la continuation de l'esclavage du régime de la horde.

# SECTION PREMIÈRE

POSITION ÉCONOMIQUE DE LA FEMME DANS LES SOCIÉTÉS
FONDÉES SUR LE MATERNICAT.

---

La notion d'équité qui domine essentiellement tout
développement juridique et dirige, au milieu d'obstacles
de faits accidentels et passagers, toute évolution
sociale, trouve un champ d'application plus immédiat
et plus fécond dans le régime du maternicat ; soit qu'il
ait été adopté en des pays où la force musculaire des
femmes n'était pas sensiblement différente de celle des
hommes, soit qu'il se fût produit au sein de populations paisibles ou isolées des autres tribus guerrières,
en sorte que la condition d'existence et de prospérité
ne dût pas être nécessairement la prédominance de la
force et l'assujettissement des individus à un chef, ce
régime fait à la femme une situation en harmonie avec
sa qualité de personne humaine, il lui donne des droits
égaux à ceux de l'homme.

Le caractère primordial du maternicat est celui-ci :
la femme y est le principe d'unité et de cohésion, le

lien qui groupe les individus en famille, les familles en sociétés. Les généalogies se comptent par les femmes, les enfants suivent la condition de leur mère :

« Les Lyciens, dit Hérodote (1), ont une singulière coutume, qui leur appartient en propre : ils se nomment d'après leur mère et non d'après leur père ; si on demande à un Lycien qui il est, il indique sa généalogie du côté maternel, en énumérant sa mère et les aïeules de sa mère ; si une citoyenne s'unit à un esclave, les enfants sont nobles ; mais si un citoyen, fût-il du rang le plus élevé, prend une femme étrangère ou une concubine, les enfants ne jouissent pas des honneurs. »

Cette singulière « coutume » des Lyciens existe chez de nombreux peuples de l'antiquité ; Polybe la mentionne chez les Locriens (2) ; on en trouve des traces dans l'Egypte ancienne, qui paraissait aux historiens grecs, un « monde renversé » ; dans l'île de Crète, on disait la matrie, pour la patrie (3). On retrouve le même régime chez les Bretons du temps de César, et actuellement, chez beaucoup de peuplades d'Afrique, d'Amérique et d'Océanie (4). Au fait familial de la parenté par les femmes, s'ajoutent des faits de l'ordre religieux : telle, la donnée féminine de la religion de la

(1) I., 173.
(2) XII. 5.´
(3) G. Breuillac. La condition civique et politique de la femme. p. 7.
(4) Starke. La famille primitive.

nature qui reconnaissait comme divinité première la terre-mère, Déméter, soit, le principe féminin en opposition avec le principe masculin qui domine dans le régime du paternicat.

La position de la femme dans ces sociétés se déduit de son importance dans la famille et dans la religion.

---

### CHAPITRE PREMIER

### Sociétés primitives.

---

Sous l'influence de la notion d'équité, non combattue et refoulée par le despotisme de la force physique, la femme compte dans le groupement social au même titre que l'homme ; elle participe comme lui au gouvernement, et quand elle en a la force, à la défense ; elle est associée à tous les actes sociaux et religieux. Ainsi, dans la Grande-Bretagne, au témoignage de Tacite (1) les femmes portaient les armes : « Boudicée, la femme du roi des Icéniens, lors de la bataille livrée par les Bretons à Suétonius Paullinus, tenait ses deux filles devant elle sur son char, et à mesure qu'elle passait devant les différentes nations, elle s'écriait que les Bretons étaient accoutumés à combattre *femina-*

(1) Ann. XIV, 35.

*rum ductu* (1). » Les Bretons choisissaient indistinctement leurs chefs dans l'un et dans l'autre sexe,
« neque enim sexum in imperiis discernunt », nous
dit encore Tacite (2); « Trinobantes... *femina duce*
exurere coloniam, expugnare castra (3) ». Chez les
peuples modernes qui ont adopté le régime du maternicat à Taïti, aux îles Marquises, en Australie, dans
plusieurs tribus de la Nouvelle-Zélande, les femmes
participent à tous les travaux des hommes; elles conduisent les pirogues, siègent dans les conseils, com-
mandent les armées (4); le roi des Achantis, dans
l'Afrique occidentale, le roi de Dahomey dans l'Afrique
centrale, ont des gardes du corps féminins, régiments
exclusivement recrutés parmi les femmes et commandés
par elles (5). Au point de vue religieux, la femme en
ces sociétés, exerce des fonctions sacerdotales au
même titre que l'homme elle offre le sacrifice avec
celui-ci ; elle a sa place marquée dans les cérémonies,
elle est chargée de certaines fonctions (6).

Ces quelques exemples suffisent pour marquer la
position économique de la femme dans les Sociétés
fondées sur le maternicat; elle n'est pas différente de

(1) Duverger. Cond. pol. et civile des femmes. *Rev. pr. de dr.
fr.*, 1869, I p. 296 sq.
(2) Vie d'Agricola, XVI.
(3) Id. XXIX, XXXI.
(4) Gide. La cond. privée de la femme.
(5) Aug. Bébel. La femme dans le passé, le présent et l'avenir
(6) G. Breuillac. Loc. cit.

celle de l'homme, et le principe, développé au cours d'une civilisation régulière, aboutirait sans doute à donner aux femmes un libre accès à toutes les fonctions et sans omettre les fonctions publiques. Cette induction, qui peut-être paraîtrait une pure hypothèse, si on s'en tenait à la théorie de ceux qui ne voient dans le maternicat qu'un degré intermédiaire entre le régime de la horde et celui du paternicat, reçoit cependant une vérification qui, semble-t-il, lui donne presque la valeur d'une certitude, dans les faits que constatent et que révèlent, les documents récemment étudiés de l'ancienne Egypte.

## Chapitre II.

## Civilisation de l'ancienne Egypte.

L'idée générale qui ressort de ces importants documents, et sous réserve d'une différence d'égalité d'ailleurs minime, introduite postérieurement (1) sous l'influence des idées grecques, et pour la femme mariée seulement, c'est l'idée d' « égalité juridique des

(1) A partir du prostagma de Philopator, la femme mariée a besoin de l'autorisation maritale pour aliéner (Révillout, cours de droit égyptien), p. 204.

deux sexes. » Dans la famille, la femme, même mariée, apparaît juridiquement l'égale de l'homme, elle a les mêmes droits, elle est traitée de la même manière; l'épouse(1) est l'égale de l'époux ; la fille, l'égale du fils ; la sœur, l'égale du frère ; on ne connaît en Egypte ni autorité maritale, ni autorité tutoriale. Dans la religion la femme est également assimilée à l'homme ; la fille peut, aussi bien que le fils, sacrifier aux mânes des ancêtres : « celui qui meurt ne laissant qu'une postérité féminine est réputé dormir dans son tombeau aussi tranquille que s'il avait des fils (2). » Le scribe Ani (3) recommande à tous les enfants *sans distinction* de porter des libations sur le tombeau de leur père et de leur « mère », mettant toujours la femme à côté de l'homme. Dans la vie civile, la femme égyptienne est une *personne* ayant une vie propre, indépendante de sa vie d'épouse ou de mère elle a une vie extérieure nettement accusée dans les textes; les papyrus démotiques nous la montrent jouissant, même

---

(1) Les textes la qualifient *neb pa*, maîtresse de maison. Elle s'assied en cette qualité à côté du maître sur un siège de pareille hauteur ou sur le même siège. Dans les autres pays, en Assyrie, par exemple, les reines sont assises sur un tabouret de beaucoup inférieur au trône du roi. (Révillout, op. cit.), p. 213.

(2) Contra, dans les civilisations dérivées du paternicat. cf. Fustel de Coulanges. La Cité antique, ch. II, III, IV, notamment p. 33, 37, 38.

(3) G. Paturet. Cond. juridique de la femme dans l'ancienne Egypte, p. 11.

mariée, d'une liberté absolue pour toutes les stipula-
tions qu'il lui plait de faire : ventes, emprunts, contrats
par devant notaire, engagements sous seing privé, le
droit de propriété lui est reconnu (1) ; elle peut s'engager (2) ; le Velléien est inconnu en Egypte. Les
femmes sont souvent mentionnées dans les jugements
comme créancières ou débitrices, le papyrus de Vienne
montre même des femmes contractant avec l'Etat (3).
Enfin les femmes égyptiennes peuvent intenter seules
des procès en matière civile, criminelle et correction-
nelle ; non seulement elles figurent nommément au
procès, mais elles présentent elles-mêmes leur défense :
« Les femmes demanderesses ou défenderesses, nous
dit M. Révillout (4), exposaient comme les hommes

(1) F. Robiou. L'Administration de l'Egypte au temps des Lagides, p. 236. Le terrain vendu au papyrus L. de Leyde est
limité au sud par la propriété de Thars, fille d'Asclépiade. Au
pap. N. Senmuthis et Tathaut vendent un terrain de concert
avec leur frère.

(2) Robiou. Op. cit., p 236, Senmuthis s'engage envers Arsie-
sis qui lui prète du blé. Le papyrus A. de Leyde mentionne un
autre prêt de blé fait sous la garantie de 6 témoins à un mari et
à sa femme qui apparemment garantissait solidairement le rem-
boursement sur ses propres.

(3) Robiou. Op. cit., p. 239. Pap. XI, de Turin. Thanubis se
rend caution pour Dorian, adjudicataire de la ferme du Natron
en hypothéquant son bien. Zaïs, la fille de Thanubis se fait adju-
ger sur la demande de sa mère le bien hypothéqué, et en paye
en quatre termes le prix à l'Etat.

(4) Lettre servant d'introduction à l'ouvrage de M. G. Paturet, op. cit.

leurs arguments et les détails de l'affaire dans un
mémoire soumis aux juges du Roi, et que ceux-ci faisaient reproduire par les deux greffiers en guise de
motifs dans leur arrêt, quand ils décidaient en ce
sens; c'est la plaideuse qui est censée porter la parole
elle-même ». La femme égyptienne participait donc en
quelque sorte à l'administration de la justice; elle avait
part à la rédaction du jugement; c'était le mémoire de
la plaideuse qui servait de motifs. au jugement lui
donnant gain de cause.

De ce rôle important de la femme dans la famille,
dans la religion (1), dans la vie civile, on est autorisé,
semble-t-il, à conclure à une égale importance de
celle-ci dans la société; les témoignages affirmatifs sur
ce point, ne font d'ailleurs pas absolument défaut;
en ce qui concerne les fonctions d'ordre privé, les
femmes pouvaient se livrer au commerce et à l'industrie; d'après Hérodote (2), « les femmes allaient sur la
place publique, faisaient le commerce et s'occupaient
d'industrie. » Les femmes égyptiennes avaient aussi
vraisemblablement accès à ce que l'on appelle aujour-
d'hui les professions libérales : « Les livres sacrés nous
ont conservé des noms de femmes égyptiennes qui
exercèrent la médecine avec succès (3). Enfin, peut-

(1) Ptolémée procura aux belles filles de Nephoris une fonction dans le temple. Pap. 22 du Louvre, L. 20-24 cité par
Robiou, op. cit., p. 238.

(2) II, 35.

(3) Scoutetten. Histoire des femmes médecins, p. 7.

être ne serait-il pas téméraire de conclure de la participation directe des femmes aux procès dans lesquels
elles étaient parties, à leur admission en général aux
fonctions judiciaires. Mais ceci n'est qu'une hypothèse.
Ce qui est plus certain, c'est que la femme, en Egypte,
avait accès aux fonctions gouvernementales ; elle avait
un droit reconnu au trône (1) ; la légitimité royale se
transmettait par les femmes ; le dernier souverain des
Egyptiens fut une femme, la fameuse Cléopâtre.

Si on s'en tient à ces données, l'examen du type des
sociétés fondées sur le principe du maternicat conduit
à ceci : La femme, sous ce régime, n'est pas considérée
comme inférieure, ni l'homme comme seul capable de
droits. On n'y déduit pas artificiellement l'aptitude à
être sujet de droit, de la seule force physique ; la
femme, en tant qu'être humain, s'impose comme personne juridique ; elle a à la vie sociale, les mêmes
droits que l'homme ; elle partage toutes les occupations
économiques ; elle participe à toutes les fonctions ; en
langage plus moderne, toutes les professions lui sont
accessibles ; sous ce régime, qui en admettant les solutions proposées, n'exclut pas le développement légitime
et normal de l'association, le fait social s'harmonise

(1) Quand la femme est reine, elle porte une barbe pour mieux
montrer son égalité avec l'homme. G. Paturet. La condition juridique de la femme dans l'anc. Egypte, p. 8, note 1.

avec le droit, la réalité économique satisfait à l'idée philosophique, la société respecte et réalise le principe, l'association est pour l'individu femme ou homme, la notion d'équité reçoit immediatement son application.

———

# SECTION DEUXIÈME

---

Les civilisations fondés sur le paternicat sont de beaucoup plus nombreuses que celles fondées sur le maternicat; c'est le mode le plus répandu d'organisation sociale. Le motif qu'en donnent la majorité des auteurs est l'impossibilité de progresser pour une association qui, dit-on, manque de chef. Mais les études récemment faites à ce sujet, et le développement de la civilisation égyptienne, ont apporté de sérieuses objections au système; il vaut mieux, semble-t-il, chercher la cause de cet état social dans le fait naturel de la force physique généralement plus grande chez l'homme que chez la femme, et dans la prédominance, aux débuts des sociétés, de l'état de guerre sur l'état de paix. Par la force même des choses, la notion d'équité dut s'effacer devant l'arbitraire d'institutions qu'imposaient les nécessités de la lutte pour la vie sociale; l'individu fut absorbé dans le groupement; les intérêts particuliers durent disparaitre devant l'intérêt général.

Le paternicat se caractérise ainsi par l'état de despotisme et d'autorité : au point de vue familial et social, la femme dépend de l'homme qui est aussi le maître des enfants qu'elle met au monde ; l'homme absorbe tous les droits en sa personne ; seul apte à la défense du groupe, il devient le centre autour duquel s'organise la famille, de lui dérive la parenté ; la femme, en raison de sa moindre force physique, passe à l'arrière-plan, elle n'est envisagée que comme purement accessoire. Au point de vue religieux, les mêmes principes s'affirment : Il ne suffit pas à la force physique de s'imposer, il lui fallut une justification en droit ; la religion proclame l'infériorité morale de la femme comme le fait avait établi son infériorité physique.

L'antithèse apparaît ainsi très nette entre le paternicat et le maternicat ; là, la femme existe pour elle-même, elle est une personne, elle a des droits, elle est son propre but ; ici elle ne sera rien qu'un accessoire, une utilité, un moyen de prospérité pour la société ; elle n'existera pas en dehors de la famille, en dehors du rôle d'épouse et de mère que lui assignent sa nature physique et l'utilité du groupe, elle n'aura pas de vie sociale, pas de vie extérieure.

La subordination de la femme sera d'ailleurs plus ou moins étroite, suivant que la notion d'équité plus ou moins profondément refoulée par le despotisme de la force, l'autorité du chef sur les membres de la famille, de l'Etat sur les individus, sera elle-même plus ou moins absolue ; et aussi, suivant que, dans les différents pays où se développent les civilisations fondées sur le paternicat, on se trouvera plus ou moins rapproché des origines ; suivant que l'arbitraire des institutions primitives, ayant commencé au sein de la paix et de la prospérité, à s'atténuer sous l'influence de principes plus équitables et conformes à l'esprit de justice qui caractérise tout progrès, l'évolution aura atteint dans son développement un degré plus ou moins élevé.

Ainsi, l'Orient et les pays musulmans offrent l'exemple d'une subordination des femmes qui va jusqu'à l'esclavage ; la Grèce, moins rigoureuse, les tient cependant dans une dépendance plus étroite que Rome ; à mesure qu'on s'éloigne des origines, la civilisation romaine, sinon dans les lois, du moins dans les mœurs, fait une part plus large à la condition des femmes au point de vue de la vie extérieure et de la position économique dans la cité.

## CHAPITRE PREMIER.

### L'Orient et les Pays musulmans.

En ces pays, l'omnipotence du despote est absolue ; il gouverne, arbitrairement et sans contrôle, les individus qui n'ont de rôle que celui de membres de la cité, et pour qui n'existe aucun droit devant la volonté du maitre. Tout est réglé et déterminé par l'autorité supérieure en un système de précision et de rigueur qui ne laisse aucune place à la liberté, ni à la personnalité; c'est le régime étroit des castes et de l'assujettissement général de l'individu; la femme n'échappe pas au régime de la subordination: son rôle et sa place lui sont marqués d'avance. Déclarée inférieure par la religion (au physique, elle est faible comme l'enfant, au moral, elle est vile comme l'esclave, c'est un objet à la fois de pitié et de mépris) (1), elle n'a d'autre mission que celle de donner le plus d'enfants possibles à la famille et à l'Etat; d'autre place que dans la maison, reléguée loin des regards sous la surveillance du mari ou de ses serviteurs.

Cette loi est celle de tous les peuples d'Orient, de ceux qui sont soumis aux préceptes des religions venues d'Asie, du Législateur hébraïque ou de Mahomet.

Dans la Bible et dans le Talmud, s'affirme avec évidence l'état d'infériorité morale et juridique de la femme, d'où découle son inexistence sociale; la femme juive est soumise à l'autorité perpétuelle de son père ou de son mari; elle est incapable de succéder; dans la vie civile, elle est assimilée à l'esclave (2), elle ne peut témoigner en justice, elle ne peut s'engager par serment ou par son vœu qu'avec l'autorisation de son père ou de son époux.

(1) Gide. La condition privée de la femme.
(2) Josèphe Antiq. Jüd. IV, LIII, n° 15.

Au point de vue intellectuel, la femme juive n'a aucun droit à l'instruction. Les écoles lui sont fermées, et même au sein de la famille on lui interdit l'étude de la loi qui, suivant certains rabbins, ne saurait convenir à la « fragilité de son esprit ». Le Pentateuque qui ordonne d'inculquer aux enfants la Loi de Dieu, ajoute que cette prescription ne s'applique qu'aux enfants mâles (1). « Autant vaudrait enseigner l'impiété à la femme que de lui enseigner la loi » (2). Il faut rendre cette étude inaccessible à son intelligence, et lui épargner les difficultés de la science juridique et religieuse. Sous l'influence de ces préceptes, on prononce l'exclusion de la femme de toutes fonctions sacerdotales et judiciaires (3).

Les mêmes principes dominent dans la loi musulmane : « Les femmes que la religion déclare douées des plus mauvais penchants » sont tenues dans la dépendance la plus étroite ; elles ne doivent jamais rien faire même dans leur maison, suivant leur propre volonté ; ainsi qu'un esclave ou un jeune enfant la femme est reconnue indigne d'étudier la loi sainte (4) ; on lui refuse toute éducation intellectuelle, on l'exclut de tous les offices civils et religieux (5).

La position de la femme dans les civilisations

(1) Talmud Kidouschin fr., 29, 6.
(2) Mischna Sota, III 4.
(3) Kidouschin I 8. Sebahim III 1. T nidda 50. A.
(4) Maimonides de doctrina legis.
(5) Gide. Etude sur la cond. privée de la femme.

d'Orient apparait essentiellement subordonnée ; elle
ne peut être qu'épouse et mère, aucune autre fonction ne lui est accessible en principe ; l'idée de l'infériorité de la femme chez les musulmans ne comporte
ni atténuation, ni nuance, même lorsque celle-ci fait
preuve des plus hautes qualités morales, même
lorsqu'elle s'élève jusqu'à l'héroïsme, elle est tenue pour
une créature inférieure, qu'on doit dédaigner. Dans
son érudit mémoire sur les particularités de la religion
musulmane, M. Garcin de Tassy (1) raconte que des
femmes de Médine ayant fait preuve du plus extraor-
dinaire courage, on institua pour rendre hommage à
leur sublimité, le culte d'un saint musulman, la vénération de Zaim al abidin « l'ornement des dévots ».

C'est une pittoresque application du *sic vos non
vobis*.

Cependant, il y eut des exceptions. Certaines professions durent être réservées à des femmes en raison
et par application des principes qui imposent à toutes
la réclusion absolue dans leurs appartements et loin des
regards des hommes : les livres sacrés témoignent que
les Hébreux ne laissaient pénétrer que des femmes,
près de leurs épouses malades (2). « Lorsque Rachel,
femme de Jacob, se trouvait en danger de mort au
moment où elle donnait le jour à Benjamin, la sage-

(1) Mém. sur les particularités de la relig. musulmame, Paris,
1849, 24-25.

(2) Genèse. XXXV, v. 7.

femme la console et l'encourage » ; c'est aux sage-femmes que Pharaon ordonne de tuer les enfants mâles au moment de leur naissance ; Moïse dut la vie à une sage-femme (1).

En dépit de l'étreinte des prohibitions du législateur, plusieurs Juives parvinrent aussi à rompre le cercle étroit de leur capacité juridique, et à s'illustrer dans le domaine de la théologie et du droit. La prophétesse Débora remplit même les fonctions de juge. Le Talmud nous cite une série de femmes instruites et profondément versées dans la science.

Mais ce n'était là que des exceptions : en dehors de la profession de sage-femme, aucune fonction n'est accessible aux femmes d'Orient, le principe invariablement appliqué est celui de la réclusion intellectuelle et physique, de l'exclusion de tous emplois, même privés, leur rôle unique est celui d'épouse et de mère.

---

## Chapitre II

### La Grèce.

---

Ici encore, dominent et s'imposent, bien qu'à un

(2) Scoutetten. Hist. des femmes médecins, p. 6-7.

degré moindre dans l'application, le principe social
de l'autorité despotique du chef sur les membres de la
famille, de l'Etat sur les individus, et l'idée religieuse de
l'infériorité de la femme.

L'Etat ne reconnait à la femme qu'un rôle dans la
cité, celui d'instrument nécessaire à la conservation de
la famille (1).

L'autorité souveraine a proclamé qu'elle ne pouvait
pas rendre d'autres services, qu'elle était incapable
d'aucune autre fonction, sa tâche est remplie quand
elle a donné le jour à des fils. La femme n'existe que
dans le mariage, et le mariage est un devoir civique,
une obligation légale à laquelle on ne peut se sous-
traire sans être criminel envers la religion et envers
l'Etat : Il s'agit de ne pas laisser s'éteindre les familles ; l'intérêt de la République exigeait leur perpétuité,
spécialement celle des familles opulentes qui devaient
s'acquitter des liturgies et des services publics (2).

Au point de vue religieux, la femme est un être inférieur qui ne peut sacrifier aux Dieux que comme reliée
à son père ou à son mari (3), un être faible qui a
besoin de protection, un être inconscient qui doit être
tenu dans la dépendance.

Ces principes qui, de la religion primitive, passèrent
dans les mœurs et dans la loi civile, se maintinrent

---

(1) Lallier. La femme Athénienne. Introduction, p. 16.
(2) Lallier. Op. cit., p. 16.
(3) Fustel de Coulanges. La Cité antique, p, 41-sq.

en partie au cours de la civilisation grecque, appuyés
dans leur opposition au principe du progrès, par la
doctrine de la majorité des philosophes ; Xénophon,
dans ses *Économiques*, traduit fidèlement le sentiment
traditionnel de l'opinion publique, en donnant à la
femme le rôle unique de mère de famille et de ména-
gère industrieuse, réservant à l'homme les affaires
publiques et le souci d'acquérir les richesses ; Aristote,
dans la Politique (1) et la Poétique (2), exprime également l'idée religieuse primitive, en établissant que la
femme est immédiatement au-dessus de l'esclave et de
beaucoup inférieure à l'homme ; tous deux contribuent
à maintenir pour la majorité des femmes grecques, la
situation de dépendance et de subordination qui les
rapproche dans une certaine mesure des femmes de
l'Orient.

Mais aux principes traditionnels et aux philosophes
qui les préconisent, s'opposent d'autres théories, interprètes de l'idée d'équité et de l'esprit du progrès, qui ne
furent pas sans exercer aussi quelque influence sur la
pratique. Platon, loin de proclamer avec les religions
antiques et Aristote l'infériorité de la femme ; loin de ne
lui laisser, comme Xénophon, d'autre rôle dans la cité
que celui d'épouse et de mère, la déclare l'égale de
l'homme, et lui assigne, dans sa République, la même
place qu'à celui-ci. Tandis que pour Aristote, la femme

(1) I ch. I, § 5.
(2) Ch. XV, probl. XXIX, 11.

n'est capable de remplir que certains devoirs, différents de ceux de l'homme, et déterminés par les limites de son intelligence bornée et de sa raison inférieure, Platon établit que l'intelligence de la femme doit être cultivée comme celle de l'homme et de la même manière ; que les deux sexes doivent pratiquer le même genre de vie et être admis à remplir les mêmes fonctions sociales.

Ces deux tendances se retrouvent en la pratique, la première traduite en textes de lois, la seconde passant par degrés dans les mœurs ; celle-ci s'imposant impérativement à toutes les femmes, celle-là faisant parfois échec à la première en faveur d'une certaine catégorie de personnes ; répondant au système théorique d'Aristote, la femme grecque, sans être aussi assujettie ni astreinte à une dépendance aussi servile que les femmes de l'Orient, est cependant déclarée inférieure et traitée comme telle, par la loi ; les droits que celle-ci lui accorde sont différents et moins étendus que ceux de l'homme ; répondant au système de Xénophon, la loi refuse aux femmes tous droits dans la cité ; mais comme une application partielle des principes progressistes préconisés par Platon, toute une classe de femmes reçoit en fait la même éducation que les hommes, et participe en quelque sorte à leur vie extérieure et sociale.

A toutes les femmes sans exception, la loi refuse des droits dans la cité, la femme est faite pour l'intérieur de la maison, pour le ménage et pour la famille, comme l'homme pour la place publique, le commerce et la politique ; dans la famille, elle est sous l'autorité du père (1), du mari, des parents (2) et à défaut de ceux-ci, du magistrat (3) ; la femme ne s'appartient pas (4) ; elle est une utilité dont on peut disposer en la donnant en mariage. Au point de vue successoral, elle est traitée par la loi plutôt comme objet que comme sujet de droit ; dans les cas où elle succède (5), elle est comme un accessoire de la succession à elle échue, et qui va par son intermédiaire au fils (6) qu'elle aura du plus

(1) La puissance paternelle était plus étendue sur les filles que sur les fils ; à la naissance de l'enfant, si c'était un fils, le père l'élevait toujours, fut-il dans la plus extrême pauvreté ; si c'était une fille, il avait le droit de l'exposer alors même qu'il était très riche.

D'après Plutarque (vie de Solon, ch. xxiii) le père avait le droit de vendre sa fille, et le frère, sa sœur dans certains cas déterminés. (Lallier, op. cit.)

(2) Son frère consanguin, son aïeul paternel, son premier mari, le plus proche parent. (Lallier, op. cit.) Introduction.

(3) L'Archonte chargé de veiller sur les orphelins et les épiclères, (op. cit., p, 20).

(4) Le consentement de la femme au mariage n'est jamais nécessaire. loc. cit.

(5) En ligne directe elle ne succède jamais en concours avec ses frères. En ligne collatérale, elle exclut tous collatéraux autres qu'un frère du défunt. (Alb. Desjardins, Mémoire sur la Condition de la femme dans le droit des Athéniens), p. 16, s.

(6) Les fils de l'épiclère, quand ils ont atteint l'age de 16 ans, étaient mis en possession de sa fortune sous l'obligation de la nourrir. Le droit de propriété est transféré aux enfants de l'épiclère, (Lallier, op. cit.) Introd.

proche parent à qui incombe de l'épouser : elle est
*épiclère ;* elle doit être comme l'héritage demandée en
justice (1); il y a assimilation complète entre l'action en
réclamation de l'épiclère et celle d'une hérédité (2).

Au point de vue des biens, la loi fait à la femme une
situation plus favorable; celle-ci peut être propriétaire,
sinon absolument en qualité d'épiclère, au moins en
qualité de légataire (3), ou par suite d'acquisition entre
vifs (4); elle peut aussi en principe administrer (5) ses
biens, et en jouir, même en disposer (6) dans une

(1) La femme ne pouvant disposer d'elle-même, un procès
s'engage sur la question de savoir quel est le plus proche parent
de l'épiclère, c'est l'ἐπιδιχασία analogue à l'action en réclamation d'hérédité. (Lallier, op. cit.). p. 19, note 3.

(2) Si le plus proche parent ne se décide pas à la demander
aux juges, le parent qui vient après lui, le somme de déclarer
s'il usera de son droit. (Op. cit.) Introd.

(3) Le père qui avait des fils pouvait faire un legs à sa fille
même sans la marier ; s'il n'avait que des filles, il ne pouvait
disposer de sa fortune qu'en disposant en même temps de ses
filles. (Alb. Desjardins, op. cit.), p. 17.

(4) Démosthène rapporte que Nicarète achèta sept petites filles
et dit à plusieurs reprises qu'elles lui appartenaient. (Alb. Desjardins, op. cit., p. 20. Dem. contre Neœra, 1351.

(5) La mère d'Apollodore avait évidemment la jouissance de
sa fortune puisque son fils attendait d'elle quelque secours. (Alb.
Desjardins, op. cit.), p. 21.

(6) Elle ne peut tester, mais elle peut donner entre vifs. Aris-
tophanes met en scène une femme qui rapporte avoir donné à un
jeune homme tantôt 20 drachmes pour un manteau, tantôt 8 pour
des chaussures, tantôt 4 boisseaux de blé, des tuniques et des

certaine mesure ; la veuve gouvernait la fortune de ses enfants (1).

Titulaire de certains droits, la femme grecque en a aussi l'exercice, du moins en principe; la loi la reconnait capable de faire la plupart des actes civils, qu'elle soit mariée ou non, et quand elle est mariée, sans avoir besoin de l'intermédiaire ou de l'autorisation du mari ; légalement, sa capacité civile est assez étendue, elle peut vendre, acheter (2), prêter (3), emprunter (4), même faire le commerce, même prendre part à certains actes judiciaires (5).

Mais si tel apparait le droit, l'application, en fait, semble en avoir été profondément modifiée par les

robes pour sa mère et ses sœurs. (Alb. Desjardins, op. cit.), p. 23.

(1) Alb. Desjardias. Loc. cit.

(2) Demosthène rapporte l'achat de 7 petites filles par Nicarète femme d'Hippias. (Alb. Desj., loc. cit.)

(3) Aristophane accuse la mère d'Hyperbolus de prêter à usure. (Loc. cit.)

(4) Démosthène rapporte que Spudias avait fait à la femme de Polyeucte un emprunt de 18.000 drachmes constaté par écrit.

Dans Lysistrate, Myrrhine se déclare prête à mettre sa robe en gage pour emprunter. Le chœur des femmes demande s'il est quelqu'un, homme ou *femme* qui veuille emprunter un peu d'argent. Dans un autre passage d'Aristophane, Chremès parle des prêts que les femmes se font les unes aux autres et qui ont pour objet des choses précieuses et même de l'argent. Id., ibid.

(5) Elle prête le serment décisoire devant les juges, elle dépose avec serment comme témoin (op. cit.), p. 26. Dem contre Aphobe sur le faux témoignage, p. 854.

mœurs, qui tantôt fidèles à la tradition et à leur interprète, se montrèrent plus rigoureuses que le droit
même, tantôt suivant les inspirations plus libérales de
l'esprit du progrès, allèrent jusqu'à affranchir presque,
certaines personnes, de l'observation des règles
sociales regardées comme les plus importantes, et à
contredire directement le principe d'infériorité, sur
lequel reposait l'ensemble d'un système de protection
conduisant à l'exclusion de toute vie extérieure de la
femme grecque.

En tant qu'elles l'appliquèrent aux femmes des
classes élevées, des familles opulentes, de celles dont
il importait à la République que le nombre en demeurât toujours le même, les mœurs poussèrent la loi à
ses conséquences ultimes dans le sens de la rigueur,
et aboutirent à une presque absolue réclusion de la
femme, réclusion physique, intellectuelle et morale.
Déclarée inférieure par la religion, elle ne reçoit
que le minimum d'éducation ; tenue dans une
ignorance complète de tout ce qui est œuvre intellectuelle ou artistique, elle n'apprend qu'à filer la
laine, à tisser et à faire les vêtements. Ajoutant à la
loi qui excluait la femme de toutes fonctions dans la
cité, les mœurs la renferment dans le gynécée, où
jamais un étranger ne peut pénétrer, et ne lui
assignent d'autres occupations que le soin des jeunes
enfants et du ménage. Au point de vue de l'exercice
des quelques droits civils qui étaient reconnus aux
femmes, les mœurs aggravent encore la loi : en fait,

c'est leur père qui agit pour elles ; c'est leurs maris qui les représentent au dehors ; les mœurs ne souffrent pas qu'une femme de la classe élevée exerce une profession quelconque, ni qu'elle paraisse en public ; elles ne peuvent pas même se présenter devant les juges et plaider leur cause, conformément aux lois Athéniennes (1) il faut qu'un tiers agisse ou défende pour elles.

Pour les femmes du commun, pour celles des classes pauvres, qui doivent demander à leur activité autre chose que l'accomplissement de leur devoir d'épouse envers leur mari, et de mère envers l'État, les mœurs apparaissent moins rigoureuses ; pour celles-là, on interprète largement la loi. Les femmes de cette classe restent exclues, comme femmes, de toute espèce de fonctions dans la cité, mais certaines occupations, certains moyens honorables de gagner leur vie, leur sont accessibles : les mœurs ne viennent plus les exclure de professions que la loi ne leur défend pas d'exercer.

(1) Le barreau, dans le sens moderne du mot, même la profession d'avocat, telle qu'elle existait à Rome au bas Empire, était inconnu en Grèce.

La partie présentait elle-même sa défense ; elle pouvait se faire assister d'un de ses proches, d'un ami ou d'une personne de confiance, mais elle commençait toujours par se défendre elle-même et celui qui l'assistait prenait soin, pour justifier son intervention dans le débat, d'invoquer les liens de parenté ou d'amitié qui l'unissaient à la partie en cause.

Frank. La Femme avocat. Bruxelles, 1888, p. 6, s.

La femme grecque pouvait être commerçante, elle pouvait aussi exercer la profession de sage-femme.

Sur ces deux points, les textes semblent formels : Démosthènes rapporte que la mère d'Euxithée vendait des rubans (1) : Aristophane nous apprend que la mère d'Euripide était marchande de légumes (2). Toutefois, les commerçants, hommes ou femmes, paraissent avoir été peu considérés à Athènes : il y eut une action spéciale, l'action de κακηγορια contre celui qui reprochait aux citoyens et aux citoyennes de se livrer au commerce. De plus, bien qu'elles ne fussent pas entièrement réprouvées par les mœurs, les marchandes publiques devaient être encore plus mal vues que les hommes commerçants, et cela, de par la loi elle-même : elle ne permettait pas de condamner un homme pour adultère quand il avait eu commerce avec une courtisane ou une femme « ayant boutique et vendant publiquement sur l'agora (3) » ; c'est ce que l'on pourrait également conclure de l'embarras avec lequel Démosthènes parle de la profession de sa mère : « La pauvreté pouvait contraindre quelques femmes à embrasser la profession de commerçante, mais si la loi ne le défendait pas, et si les mœurs le toléraient, l'opinion était sévère pour elles et les condamnait (4). »

---

(1) Lallier. Op. cit., p. 96.
(2) Les fêtes de Cérès, v. 387.
(3) Alb. Desj. Op. cit.
(4) Lallier. Loc. cit.

Les femmes que la pauvreté avait amenées à braver l'opinion et à exercer pour vivre la profession de commerçante, jouissaient, comme par une sorte de compensation, d'une plus grande liberté, et de ce que l'on pourrait appeler certains privilèges. Elles faisaient elles-mêmes tous les actes de la vie civile; elles avaient le droit d'agir elles-mêmes devant les agoranomes, et probablement de plaider leur cause. Dans les Guêpes, la boulangère dit à Philocléon : « Je t'assigne, qui que tu sois, devant les agoranomes, pour dommages causés à mes marchandises (1) ».

Les femmes, en Grèce, pouvaient aussi exercer la profession de sage-femme et de médecin des femmes. Ce droit remonterait, d'après Schacher (2), à l'époque assez lointaine où une certaine Agnodice ayant appris la médecine d'un nommé Hérophyle, se serait avisée de se travestir en homme pour secourir les femmes que leur pudeur empêchait d'appeler un médecin du sexe masculin; la fraude ayant été découverte, les Athéniens, rapporte l'auteur, furent obligés de faire une loi qui permettait aux femmes d'apprendre la médecine; jusque-là, cela leur avait été défendu ainsi qu'aux esclaves; la coutume consacra bientôt la loi, et l'histoire nous a conservé les noms de plusieurs femmes qui exercèrent la profession de médecin et de sage-femme : celui de Phénarète, la mère de Socrate, est

(1) Alb. Desjardins. Op. cit., p. 26 et la note 6.
(2) De Feminis ex arte medica claris. Leipsick, (1538).

le plus connu. Cette profession d'ailleurs ne leur était pas, comme en Orient, exclusivement réservée, les Grecs admettaient que des hommes pussent soigner leurs femmes malades (1).

Tandis que les mœurs reléguaient les femmes ordinaires au fond du gynécée, et leur imposaient avec une réclusion presque complète, l'ignorance la plus absolue; tandis qu'elles toléraient à peine que des femmes pussent, pour vivre, exercer la profession de commerçante, et qu'il avait fallu invoquer la pudeur de quelques-unes pour faire accepter le partage de la profession entre les deux sexes; comme par une application partielle et anticipée des théories platoniciennes, elles faisaient à la courtisane une situation toute d'intelligence et de vie extérieure, en contraste violent avec la vie regardée, par la coutume et par la majorité des philosophes, comme la seule qui fût en rapport avec la nature de la femme.

Les courtisanes avaient été introduites à Athènes par Solon (2) On en distinguait plusieurs sortes : au dernier rang, les courtisanes sans esprit et sans éducation qui exerçaient leur profession au profit de marchands les exploitant; à un rang plus élevé, les danseuses et joueuses de flûte; à un degré supérieur, les hétaïres (εταιραι).

Les courtisanes des deux premières classes recevaient

(1) Hippocrate. Œuvres, t. VIII.

(2) M. Deschanel. Sappho et les Courtisanes grecques. *Revue des Deux-Mondes* du 15 juillet 1847.

une éducation remarquable de corps et d'esprit, dans
des collèges ou sortes de couvents où on les élevait
en commun ; c'était les plus lettrées et les plus habiles
qui instruisaient les plus jeunes ; elles en sortaient, les
unes musiciennes et excellant dans les arts pour aller
dans les banquets danser et jouer de la flûte ou de la
lyre ; les autres, lettrées et philosophes, pour devenir
la maîtresse d'un seul dont elles partageaient la vie
privée et quelquefois aussi la vie publique. Telle fut
entre autres courtisanes renommées, la célèbre
Aspasie qui enseigna l'éloquence à Socrate et à
Périclès ; remarquable par le charme de sa parole, les
attraits de son esprit, la profondeur de ses conceptions,
elle domina tous ceux qui l'approchèrent ; elle inspira,
dit-on, plusieurs de ses projets à Périclès, l'histoire
lui attribue même l'un des plus beaux discours que
celui-ci prononça, le discours à la mémoire des
citoyens d'Athènes morts dans la guerre contre les
Samiens (1). Les hétaïres jouissaient à tous les points
de vue d'une situation privilégiée ; mêlées à la vie
intelligente des hommes, prenant part aux entretiens
et aux discussions philosophiques, admises dans les
banquets et dans les cérémonies nationales, recevant
chez elles des poètes, des artistes, des gens de finance
et des hommes d'Etat, elles exerçaient une influence
considérable sur les opinions et même sur les affaires
publiques ; en contraste avec les autres femmes, elles

(1) Plutarque. Vie de Périclès.

paraissaient dans la vie, elles avaient une existence
visible et extérieure.

La Grèce apparaît ainsi comme un degré intermédiaire entre l'Orient et la civilisation de Rome ; elle
présente les deux modes contraires possibles de la
position de la femme dans les sociétés fondées sur le
paternicat, le premier, expression de la tradition primitive, qui lui assigne le minimum de droit et lui
impose le maximum de despotisme ; le second, reflé-
tant les premiers termes de l'évolution réservée au développement de la notion d'équité dans les civilisations
plus avancées, qui lui accorde tout ce que le principe
pouvait permettre et tend à réduire l'autorité à un
rôle plus idéal que réel. La Grèce réunit les deux types
opposés répondant aux deux tendances en lutte : d'un
côté, la femme cachée à tous les regards dans la retraite
obscure du gynécée, à peine sujet de droit, exclue
par les mœurs de toutes fonctions qui l'appelleraient
au dehors ; d'autre part la femme plus libre, vivant de
la vie sociale, partageant avec les hommes l'éducation,
les plaisirs, la connaissance des affaires, influant même
peut-être sur les résolutions politiques. Elle se rattache
à la fois à l'Orient et à Rome ; plus large en ses conclusions que la première civilisation, mais aussi plus
étroite que la seconde, quant aux personnes qu'elle
émancipe, elle développe et complète l'une en une
évolution plus achevée et plus parfaite, elle prépare

et fait entrevoir l'autre, esquissant une silhouette de
vie extérieure active et intelligente où la femme trou-
verait, elle aussi, un emploi de toutes ses facultés,
pour le plus grand bien, sans doute, et le plus grand
avantage de la société.

---

## Chapitre III

### .Rome.

---

Le principe du paternicat donnait toute autorité au
chef du groupe social sur les individus qui le composent.
Ils n'y avaient de place que celle qui leur avait été spécialement assignée en ne considérant que l'utilité immédiate
de l'ensemble, et souvent peut-être aussi l'intérêt du
chef. Ce principe se retrouve en toute sa force dans
l'organisation de la famille romaine : à Rome, comme
à Athènes, l'intérêt général voulait que le nombre des
familles demeurât invariable ; le chef de chacune
d'elles avait tout pouvoir pour en assurer la meilleure
administration, conduisant à la conservation et à
la prospérité.

Le chef de famille, investi d'une autorité absolue, assigne à l'individu le rôle le plus favorable à l'intérêt
général : instruments d'acquisition et de production
au profit de la famille, les individus, hommes et fem-

mes, ne sont que des moyens utilisés à la prospérité
de la société. Ce sont, au fond, les mêmes principes
que ceux qui dominent les civilisations orientales et
helléniques ; mais tandis qu'en ces pays la loi et les
mœurs s'accordent en général pour maintenir en leur
rigueur primitive des règles qui devaient nécessairement céder devant les idées d'équité et de justice
nées avec le développement de la civilisation, les
mœurs romaines, sinon la loi, la coutume et le
droit prétorien, sinon le *strictum jus*, vont apporter de
jour en jour au principe fondamental, des dérogations
toujours croissantes, en harmonie avec l'évolution sociale, avec la tendance réalisée progressivement qui
pousse à donner à l'individu un rôle indépendant de
celui de moyen de prospérité pour la société, à le considérer comme une personne, à le laisser s'élever au
dessus de la famille et de l'Etat.

Le principe qui domine toute la matière de la position économique de la femme dans la société, et qui
constitue proprement le motif de différenciation entre
les conclusions romaines et celles qui furent adoptées
en Grèce et en Orient, apparaît dans l'éducation. C'est
de là que découle et que devait découler logiquement
les modifications importantes apportées aux règles primitives qui auraient dû faire loi dans un régime fondé
sur le paternicat. Loin d'aggraver comme en Grèce et
en Orient, par une absence complète d'éducation, l'infériorité intellectuelle de la femme déclarée par la
religion et consacrée par les mœurs, on s'efforçait à

Rome de relever cette prétendue infériorité en donnant aux femmes une éducation propre à développer en elles un esprit sérieux et un caractère résolu ; dans les maisons riches, les jeunes filles étaient élevées comme leurs frères par des esclaves lettrés ; elles recevaient les mêmes leçons, on les faisait étudier dans les mêmes livres (1) ; les plébéiennes étaient envoyées aux écoles publiques sur le forum auprès des boutiques vieilles (2), ces écoles étaient fréquentées aussi par les garçons et, comme il arrive encore en Amérique, on y élevait les deux sexes ensemble (3).

Il résultait de cette éducation commune que les femmes avaient les mêmes connaissances que les hommes et souvent des qualités semblables ; par suite de l'éducation qu'elles recevaient, les femmes romaines étaient donc portées à exercer les mêmes fonctions que les hommes.

Mais si telle eût dû être la conclusion logique de cette réforme en le principe primordial, telle ne fut pas immédiatement et absolument celle des faits. La loi resta fidèle aux prémisses posées par la tradition ; les mœurs, tout en s'en écartant, ne le firent que peu à peu, et comme le droit prétorien aimait à tirer du vieux droit quiritaire les premières bases servant à asseoir les moyens de réa-

---

(1) G. Boissier. La Religion romaine d'Auguste aux Antonins, II. 240.

(2) T.-Live, III, 44. Friedländer. Sittengesch. Roms. I, 265.

(3) Martial, IX, 68, invisum pueris *virginibusque* caput, dit-il, en parlant du maître d'école.

lisation du progrès réclamé et imposé par les besoins de la pratique, ainsi les mœurs, préférant ne pas rompre ouvertement avec les vieilles idées traditionnelles, se contentent de les interpréter plus largement pour en tirer les moyens de l'évolution progressive; elles respectent les principes, mais elles les poussent en leur sens le plus libéral jusqu'à leurs conséquences ultimes.

Comme en Grèce, mais à un degré supérieur, on retrouve ainsi à Rome la lutte entre les deux principes opposés de la tradition et du progrès; la tradition plus tenace, fixée en des textes précis et inflexibles, le progrès plus libéral en sa tendance à faire prédominer la notion d'équité, pénétrant les mœurs et inspirant des règles de pratique parfois en opposition, sinon avec la lettre même, au moins avec l'esprit des vieux textes législatifs.

Sans atteindre encore, même en pratique et à côté de la loi, la situation conforme à la justice et qui paraît toute privilégiée dans l'antiquité, de la femme égyptienne, les femmes romaines obtiennent, au cours de l'évolution progressive de la civilisation, une place dans la vie extérieure et sociale, qui, en général, peu différente de celle des femmes dans la majorité des Etats modernes, était quelquefois supérieure, et même, à certains points de vue, réalisa le principe d'égalité que réclame l'esprit du progrès et qu'avait déjà, en Grèce, préconisé Platon.

Le principe bientôt admis fut celui-ci : toutes les fois qu'on ne se trouvait pas en face d'un texte prohibitif formel, les mœurs abandonnaient la tradition pour suivre l'impulsion du progrès conforme à l'équité; devant un texte, on l'interprétait largement, s'inspirant de l'esprit de justice pour en étendre la lettre autant qu'il était possible.

Il existait quelques textes pour écarter les femmes de certaines professions privées, telle, la profession de banquier; à l'inverse, toutes les autres leur furent en principe accessibles; il y avait des textes formels pour exclure les femmes de la plupart des fonctions publiques : le titre leur en fut toujours rigoureusement réfusé, mais les mœurs leur concédèrent parfois l'exercice en fait de la fonction; et celles qui n'étaient pas expressément visées par la loi, leur furent officiellement accessibles : telles les fonctions publiques sacerdotales.

§ Ier

*Professions privées.*

En principe, les Romains regardaient comme indigne d'un homme libre l'exercice d'un métier quelconque, et bien que jamais aucun texte ne fût venu entraver sur ce point la liberté individuelle, tout ce que l'on appelle proprement une profession, tout métier, ce qui est exercé par l'individu dans son propre intérêt, et seulement pour fournir à sa subsistance sans idée de service rendu à la collectivité, était, dans la pratique

consacrée par les mœurs, abandonné aux esclaves (1).
En fait, il n'y avait que les citoyens tout à fait pauvres qui travaillaient eux-mêmes pour vivre, puis les
affranchis ; les autres, s'ils voulaient s'enrichir par le
commerce, faisaient travailler des esclaves pour
eux (2). En général, tout ce qui concernait les besoins
ordinaires de la vie, et qui aujourd'hui est devenu
objet d'industries et de commerces particuliers, les
travaux de tissage, de couture, de boucherie, de boulangerie, était, dans les grandes maisons, accompli
par des esclaves (3). Il était tellement contraire à la
dignité d'un romain d'exercer une profession qui ne
fût pas une fonction publique, que les professions
même que l'on appelle aujourd'hui libérales, celles de
médecin, de professeur (4), étaient également laissées
aux mains des esclaves.

Ce principe admis pour les citoyens romains s'appliquait de même façon aux femmes libres, et de
naissance *ingénue*. En ce qui concerne les femmes
esclaves, elles échappaient à la règle, et, comme les

---

(1) Ihering. Esprit du Droit romain, II, 241.

(2) Il arrivait souvent que des patriciens, voulant grossir le
patrimoine héréditaire, ouvrissent au pied de leurs palais des
boutiques qu'ils faisaient tenir par leurs esclaves, et ils perce-
vaient les revenus ainsi obtenus. (M. G. Boissier à son cours).

(3) Pétrone. Satyricon, 38, nec est quod putes illum quidquam
emere ; omnia domi nascuntur.

(4) Il faut excepter toutefois les professeurs de Droit qui étaient
assimilés aux magistrats et aux avocats.

hommes, pouvaient exercer les professions privées d'où elles n'étaient pas exclues par la loi. En dehors de la profession de banquier pour laquelle il existait un texte prohibitif rapporté au Digeste au titre de *Edendo* (1), il ne semble pas qu'il y ait eu en droit romain de professions privées proprement dites qui fussent rigoureusement interdites aux femmes. Celles-ci purent remplir dans la maison les offices correspondant aux professions commerciales et industrielles, aux fonctions de serviteurs attachés à la personne, de professeur, de médecin, au même titre que les hommes ; elles purent même exercer la profession de médecin en dehors de la maison ; celle d'actrice leur fut en outre accessible, comme celle d'acteur aux hommes.

Les femmes exercèrent à Rome la profession de couturière et de lingère, soit qu'elles fussent employées dans les grandes maisons à confectionner les vêtements et le linge sous la direction de la *matrona*, soit qu'elles fussent sous la direction d'affranchies ou d'autres esclaves travaillant pour le public au profit de leur maître. Elles remplissaient au service des dames romaines les fonctions de messagères, *anteambulatrices*, de suivantes, *pedisequæ ;* les fonctions de nourrice, de gouvernante, d'institutrice, appartenaient aussi à des femmes esclaves (2) ; elles pouvaient

(1) Loi 12. Liv. III titre 13. Feminæ remotæ videntur ab officio argentarii.

(2) M. Masson. Thèse Paris, 1888. Les Corporations en Droit romain, p. 54.

aussi exercer la profession de médecin, *medicæ* (1), au même titre que les hommes esclaves. Ceci est attesté par des inscriptions, témoignages de reconnaissance et d'affection de matrones romaines envers leurs esclaves *medicæ* (2).

Les femmes médecins n'étaient pas seulement employées au service particulier d'une *matrone* unique ; elles étaient aussi appelées à donner leurs soins dans d'autres maisons (3) ; et il résulte des textes (4) qu'on les réunissait en certains cas déterminés et que leur témoignage officiel était alors requis par la loi. Une espèce prévue au Digeste (5) est la suivante : au cas de divorce, s'il y avait contestation sur le point de savoir si la femme était enceinte, trois sages-femmes

(1) Laurentii Pignorii Patavini. De Servis et eorum apud veteres ministeriis commentarius, (1656), in-4°, p. 37.

(2)　　　　　　　Secunda
　　　　　　　Livillæ S.
　　　　　　　medica
　　　　　　　　—
　　　　　Atia Dynamis
　　　　　　obst.
　　　Sallustia q. l. Imeria
　　　　　obstetrix.
(Scoutetten. Hist. des Femmes médecins), p. 11.

(3) Scoutetten. Loc. cit.

(4) Anianus. Lettre à Paul. « Quoties de mulieris prægnatione « dubitatur, quinque, obstetrices, id est, medicæ ventrem juben- « tur inspicere. »

(5) Livre XXV. Titre IV.

étaient appelées à donner leur avis : « Si quidem vel
« omnes vel duæ renunciaverint prægnantem videri,
« tunc persuadendum mulieri erit ut perinde custo-
« dem admittat; si autem vel omnes, vel plures non
« esse gravidam renunciaverint, nulla causa custo-
« diendi erit. » C'était une sorte d'expertise légale
confiée à trois femmes médecins par le Préteur (1) et
qui avait la plus grande importance : il s'agissait de
savoir à quelle famille appartiendrait l'enfant né de la
femme postérieurement au divorce ; serait-il sous la
*patria potestas* du mari, sous celle du père de la
femme (2), ou naitrait-il *sui juris* ? (3) toutes questions
qui intéressaient non seulement la famille mais aussi la
Cité.

La profession de médecin était généralement exercée par des esclaves (4) ; pouvait-elle l'être aussi par
des personnes libres ? A vrai dire, ce n'était là qu'une
question de mœurs, il n'y avait pas de lois pour défendre aux libres d'exercer la médecine, et il semble
même que l'on soit autorisé par les textes à répondre

(1) Prætor debebit obstetrices adhibere. L. I, § 4. Titre IV.
Livre XXV.

(2) Au cas où celle-ci aurait été mariée sans conventio in manu.

(3) La femme ne pouvait pas exercer la patriapotestas. Si elle
avait été mariée avec conventio in manu, son père ne pouvait
pas non plus l'exercer sur l'enfant qu'elle mettrait au monde,
car elle se trouvait par son mariage sortie de la famille de son
père.

(4) Patavini commentarius. (Op. cit.)

affirmativement, au moins pour les femmes : il paraît y avoir eu des cas où la loi exigeait que les femmes appelées en consultation fussent libres, sinon de naissance ingénue, au moins affranchies. Ceci d'ailleurs devait se présenter souvent en pratique : ceux qui, esclaves, avaient exercé une profession au profit d'un maître déterminé, continuaient, affranchis, le même métier pour le public et sous la seule obligation, constatée dans les textes, de fournir au patron et à ses descendants, suivant des distinctions, une partie de leur travail, conforme à leur profession (1). C'est ainsi, semble-t-il, que l'on peut expliquer le texte de l'édit rapporté au paragraphe 10 de la loi I, livre XXV, titre IV (2); les personnes envoyées par les parents du mari prédécédé pour constater l'état de la veuve qui se dit enceinte, doivent être libres : « Mittantur mulieres « *liberæ*, duntaxat quinque. » Il en est de même de celles qui doivent assister à la naissance de l'enfant. Ces femmes médecins remplissent ici un rôle qui n'est pas purement privé, mais qui, comme en l'espèce précédente, avait la plus haute importance au point de vue de la famille et de la cité.

En dehors de la maison et s'adressant directement

(1) Les *operæ officiales*, fonctions de secrétaire, majordome, précepteur, voyageur pour les affaires du patron, étaient dues au patron seul ; des *operæ fabriles* travaux de cordonnerie, boucherie, boulangerie, étaient dues au patron et à ses descendants. ;Loi 6, Dig. xxxviii, i.)

(2) Digeste, i, xxv-4.

au public, les femmes pouvaient encore exercer la profession de mime et de comédienne. A la différence des Grecs, qui n'admirent pas les femmes sur le théâtre et qui faisaient représenter les personnages féminins par de jeunes acteurs, les Romains acceptèrent l'intervention des femmes sur la scène. L'esprit d'équité triomphait à ce point de vue, de l'idée traditionnelle, et faisait prévaloir le principe d'égalité.

Les femmes pouvaient être actrices dans le sens moderne du mot, *Scenicæ* ou *Scenæ mulieres;* Dyonisia, parmi celles-ci, est citée comme une comédienne admirable; et aussi joueuse de flûte, *fidicinæ*, danseuses, *psaltriæ*, mimes, *mimæ* (1). Cette profession était sans doute peu considérée (2), mais la défaveur qui s'y attachait, s'adressait aux hommes (3) comme aux femmes, et il semble qu'on ait magnifiquement rétribué les artistes qui faisaient preuve de talent : Macrobe nous apprend que la fameuse Dyonisia ne touchait pas moins de 5o,ooo écus par an (4).

Au bas Empire, alors que les professions plus

(1) Cod. Th. Jacob. Gothofredi, t. V. *De Scenicis*, XV, 7. Préambule.

(2) Inhonestæ personæ vocantur et immemores honestatis qui ... sociant. C. Th. XV, 7, loc. cit.

(3) Les comédiens étaient notés d'infamie. Loi 1, Dig., III. 11.

(4) Le mariage était prohibé entre un sénateur et une comédienne (loi ... XIII, 2, *Dig. de ritu nuptiarum*), et même avec une petite fille de comédien : « Eamve cujus pater materve artem ludicram ... rit.» (Loi 42, § 1, XXIII, 2, Dig.)

(5) Inst. de la Grande Encyclopédie. Acteur.

répandues au dehors furent réglementées en corporations, il en fut de même de la profession d'actrice.

Les femmes comédiennes ne pouvaient plus renoncer à leur profession et leurs enfants, en naissant
devenaient membres de la corporation (1) ; cependant,
par faveur, si elles vivaient honnêtement, « si proba-
bilem seu honestam vitam agerent », un décret de
Gratien et de Valentinien (2) vint leur permettre de
sortir de la corporation et de ne plus exercer for-
cément la profession d'actrice.

Mais cette disposition, qui au premier abord peut
paraitre un privilège accordé aux femmes, n'était en
réalité qu'une première manifestation d'un mouvement
de réaction dû à un retour vers les idées traditionnelles des vieilles religions d'Orient, envahissant les
sociétés plus avancées en civilisation, et venant refouler
les idées libérales de justice et d'équité développées
au cours de l'évolution et posées en principe par la
religion progressiste du christianisme pur de tout
élément juif ; ce mouvement, qui pendant le moyen âge
devait détruire en partie l'œuvre de la pratique romaine, fit, déjà sous Théodose, édicter contre les
femmes, des mesures restrictives, leur fermant l'accès
d'une profession privée qu'elles avaient pu jusque-là
exercer librement ; on avait decidé au Concile de
Laodice (3) qu'il fallait supprimer le métier honteux

(1) Loi 2. C. Th., xv, 7.
(2) Loi 2. C. Th. xv, 7, *Commentarius.*
(3) Canon 54. (C. Th. xv, 7, sous la loi 10).

d'actrice; on donnait comme motifs que les comédiennes corrompent les âmes chrétiennes. « Fidicinas et psaltrias et istius modi chorum diaboli, quasi mortifera Sirenarum carmina, proturba ex ædibus tuis (1) ». Sous cette influence, Théodose fit défense à toute personne de former, d'acheter ou de vendre des joueuses de flûte, danseuses, musiciennes ou comédiennes ; la profession est désormais interdite à toutes les femmes, esclaves ou libres, peu importe qu'elles paraissent en public ou qu'elles ne soient employées que dans la maison (2). Le principe d'égalité qui tendait à triompher dans les autres professions et qui l'emporta d'abord, en celle-ci aussi, se heurtait en définitive à la tradition fortifiée de toute l'autorité que lui prêtait une religion nouvelle, interprète en ses principes de l'esprit du progrès, mais bientôt dénaturée par des éléments étrangers.

A la profession de mime et de comédienne se rattachait la profession de courtisane. Les courtisanes, très nombreuses à Rome dès la fin de la seconde guerre punique (Plaute rapporte qu'il y en avait plus que de mouches quand il fait chaud) (3), étaient soit

----

(1) Lettre de saint Jérôme, *ad Furiam, de viduitate.* (C.Th.xv, 7), sous la loi 10, *de fidicinis prohibitis.*)

(2) Fidicinam nulli liceat vel emere, vel docere, vel vendere, vel spectaculis adhiberi, nec cuiquam aut delectationis desiderio erudita femina musicæ artis studio liceat habere et ministerio privato. (C.Th. xv, 7, loi 10.)

(3) Trucul. I, i, 45.

esclaves, soit libres; les esclaves étaient exploitées par un *Leno* qui joignait ordinairement à sa profession de *Lenocinium* celle de maître d'estaminet, d'aubergiste, de boulanger ou de charcutier (1), et qui était lui-même soit esclave, exerçant son métier au profit d'un maître, soit affranchi, devant les *operæ fabriles* à son patron. Les esclaves exploitées par le *Leno*, lui payaient une certaine somme, l'*as* (2) pour la cellule, plus une rétribution. Les courtisanes libres qui exerçaient la profession principalement, et n'ayant pas d'autres ressources (3), avaient aussi recours au Leno, pour la location d'une cellule; mais elles ne lui payaient que le prix de celle-ci, l'*as*, et elles gardaient tout le profit perçu.

A l'imitation de la Grèce, une certaine classe de courtisanes joignaient aussi à Rome la danse et la musique à leur profession principale. Il est question dans Horace (4) de grandes écoles, analogues sans doute aux collèges de Corinthe et d'Athènes, où de jeunes et belles émancipées apprenaient à chanter les

---

(1) Sive autem principaliter hoc negocium gerat, sive alterius negotiationis accessione utatur, utputa si caupo fuit, vel stabularius sive balneator fuerit. Loi 4, § 2. Dig. III, 2. *De his qui not. infamiæ; adde.* Loi 43, XXIII, 2. ·

(2) Dupouy. Médecine et mœurs de l'anc. Rome, p. 264, note 1.

(3) Sous Germanicus, Plaute rapporte que Vestilia, d'une famille de préteur, s'était fait inscrire sur les registres de la police, n'ayant aucune autre ressource pour vivre. (Dupouy. Loc. cit.)

(4) Sat. I, 10-91.

poésies de Catulle sous la direction des plus grands musiciens de Rome. Ces talents qu'elles se donnaient ne leur furent pas sans profit, quelques-unes d'entre elles arrivèrent à d'aussi brillantes fortunes que leurs sœurs de la Grèce (1).

Dans le domaine des professions privées, et laissant de côté le motif de dignité qui fit établir en principe l'abstention pour tout citoyen romain de l'exercice d'un métier quelconque, la loi et les mœurs laissent donc le champ libre aux intéressés; elles ne limitent en aucune façon la liberté individuelle; les femmes comme les hommes peuvent en règle générale et sauf exception, formulée par un texte, remplir les emplois pour lesquels elles ont quelque aptitude.

Tel apparaît donc ici le chemin parcouru par l'évolution de l'Orient à la Grèce, de la Grèce à Rome : à peine souffrait-on chez les Hébreux et les Musulmans, que des femmes, même pour appliquer plus strictement la loi, pussent exercer la profession de sage-femme ; la Grèce ouvre également avec peine la même carrière aux femmes, et aussi, mais avec toutes les restrictions qu'y peuvent apporter la défaveur et le blâme de l'opinion publique, la profession de commerçante; toutes les femmes sont esclaves en Orient et en Grèce ; la profession d'actrice même est fermée à la femme grecque, c'est celle de courtisane qu'il lui faut embrasser pour jouir de quelque liberté, de quelque lumière intellectuelle.

---

(1) G. Boissier Op. cit., II, 244 sq.

Rome, plus libérale, ouvre aux femmes du peuple (esclaves et affranchies) presque les mêmes emplois qu'aux hommes, les industries de ménage, la profession d'institutrice dans la famille, celle de médecin, reconnue par la cité, celle d'actrice dans les mêmes conditions qu'aux hommes. La profession de courtisane passe au dernier rang, elle n'est souvent plus que l'accessoire de celles de mime et de danseuse. La notion d'équité commence à s'affirmer au dessus du principe traditionnel d'infériorité, entrainant l'inégalité.

## § II

### *Fonctions publiques.*

Tandis que les professions privées devaient être facilement accessibles aux femmes, étant abandonnées aux esclaves, et peu réglementées par le législateur, les fonctions publiques, outre qu'elles impliquaient la noblesse et la dignité de celui qui en était investi, étaient l'objet de réglementations minutieuses, arrêtées en des textes inflexibles.

L'évolution devait donc être plus lente et laborieuse sur ce point; l'esprit du progrès désarmé, devant la tradition retranchée dans la forteresse du *strictum jus*, ne pouvait agir qu'en contre-mine. Cependant, son œuvre, ne fût pas, ici non plus, sans importance; soutenu déjà par l'auxiliaire puissant de l'éducation, il eut bientôt entrainé l'opinion publique, et à sa suite, la pratique, à faire à la femme, une place de plus en plus grande dans la participation, au moins indirecte, à l'exercice des fonctions publiques. S'il n'en vint pas à amener des modifications palpables dans la loi, il arriva cependant à ce degré d'évolution, où il suffirait de transformer le fait en droit, pour se trouver en présence d'une législation directement opposée à celle des textes.

Les fonctions publiques étaient, dans les mœurs romaines, les seuls emplois que pût remplir un citoyen sans déroger ni manquer à sa dignité. Elles n'étaient accessibles qu'aux personnes libres, l'élévation de la fonction exigeait la noblesse de celui qui l'exerçait : c'était, à Rome, les fonctions ayant un caractère judiciaire de juge, de magistrat, de procurator et d'avocat; dans les Provinces, les magistratures municipales ayant un caractère à la fois gouvernemental et judiciaire.

A. Les textes, très nets en leur rigueur traditionnelle, excluaient formellement les femmes de toutes les fonctions judiciaires ou administratives : « Feminæ ab omnibus officiis civilibus vel publicis remotæ sunt, et ideo, nec judices esse possunt nec magistratum gerere, nec postulare nec pro alio intervenire, nec procuratores existere (1), » telle est la règle. Elles ne peuvent être ni juge, ni magistrat, elles ne peuvent pas intervenir pour autrui, elles ne peuvent pas exer-

(1) Loi 2, pr. Dig. *De reg. jur.* L. 17.

cer la profession d'avocat. De cette exclusion rigoureuse, et qui a fait dire à Papinien (1) que la condition
des femmes était sur ce point très inférieure à celle
des hommes, les jurisconsultes donnent deux motifs :
Le premier s'inspire d'une idée de convenance traditionnelle, consacrée par les mœurs, et qui trouve son
expression jusqu'en un texte de droit privé (2) : les
femmes ne doivent pas paraître en public, leur pudeur
naturelle les écarte de toute fonction pouvant les
mettre en rapport avec les hommes (3); le second,
qui est une conséquence du premier et que l'on pourrait presque y ramener, c'est que la femme ne peut
pas, en sa qualité de femme, remplir un office viril (4) :
« Quia receptum est ut civilibus officiis non fungantur », dit le jurisconsulte Paul (5). C'est l'expression fidèle de la tradition grecque et orientale. Toutefois, on n'invoque pas directement l'idée d'infériorité,
qui sert comme de base à tout ce système d'exclusion,
ou la repousse même (6) sous l'influence de l'esprit du
progrès et des modifications apportées au principe en
ce qui concerne l'éducation des femmes ; on s'en défend; mais la tradition s'impose cependant, sinon dans la

(1) Loi 9. Dig. *De statu hominum.*
(2) Loi 14, § 1, C. VIII, 38.
(3) Loi 1, § 5. *De Postulando.* Dig. III, 1.
(4) Loi 2, pr. Dig. L. 17.
(5) Loi 12, § 2. Dig. *De Jud.,* V, 1.
(6) Loi 12, § 2, V, 1. Moribus impediuntur feminæ ne judices
sint non quia non habent judicium sed...

formule, au moins dans ses conséquences ; passée dans
les usages, elle est la cause des mœurs reçues et fixées
en un texte de loi dont on n'analyse ni les origines ni
les raisons d'être.

Les femmes, exclues par la loi de tout ce qui est office viril, ne purent exercer à Rome aucune des professions qui rentrent dans le mandat judiciaire : ce qui
est aujourd'hui la profession d'avoué, d'avocat, leur
était rigoureusement fermé ; une femme ne pouvait
pas être désignée comme *procurator ad litem :* si le
plaideur faisait un tel choix, son adversaire refusait le
procès en opposant une exception dilatoire spéciale :
l'*exceptio procuratoria* (1). Une femme ne pouvait pas
non plus exercer la profession d'avocat, elle ne pouvait
pas, selon les expressions employées par les textes
« postuler pour autrui (2) », « se charger de la défense
d'un tiers (3) ».

Toutefois, si l'on en veut croire le jurisconsulte Ul-
pien (4), il n'en aurait pas toujours été ainsi ; il fau-

---

(1) Inst. IV, 13. *De Except.*, § 11. « Præterea etiam ex persona
« dilatoriæ sunt exceptiones, quales sunt procuratoriæ veluti
« si..... per *mulierem* agere quis velit. »

(2) Loi 1, § 5 *De Post.* Dig. III-1. « Dum feminas prohibet (Præ-
« tor) pro aliis postulare. »

(3) Loi 18. C. Proc. II, 13. « Alienam suscipere defensionem,
« virile est officium et ultra sexum muliebrem esse constat. »

(4) Loi 1, § 5. Dig. III, 1. « Origo vero introducta est a C.
« Afrania quæ inverecunde postulans et magistratum inquie-
« tans, causam dedit edicto. »

drait rapporter l'origine de cette exclusion, à un abus
scandaleux qu'aurait fait de la parole une dame romaine, Caïa Afrania, la femme du sénateur Buccio, qui
vivait sous le consulat de César et de P. Servilius
(40 av. J.-C.); cette dame, dit le texte, mit tant d'injustice dans ses prétentions et d'impudence dans son
langage, qu'elle donna lieu à une disposition de l'Edit,
par laquelle le préteur fit défense aux femmes de postuler pour autrui.

Mais si les femmes ne pouvaient pas exercer
la profession d'avocat, et plaider pour autrui,
jamais aucun texte ne vint entraver le progrès,
jusqu'à leur interdire de paraître elles-mêmes en
justice, et de plaider leur propre cause. A la différence
de ce qui avait lieu en Grèce, où les femmes, bien
qu'investies du droit d'agir en justice, n'avaient cependant pas dans l'usage, à moins peut-être d'exercer la
profession de marchande publique, l'exercice effectif de
ce droit, à Rome, et sur ce point, la civilisation romaine se rapprochait de la civilisation égyptienne, les
femmes pouvaient exposer elles-mêmes leurs prétentions devant la justice ; l'histoire nous apprend qu'elles
usèrent de ce droit à plusieurs reprises (1). Sous le
consulat de Cn-Octavius et de C. Scribonius Curio,
Amesia Sentia se défendit elle-même d'une accusation
dirigée contre elle. Son plaidoyer fut, dit-on, remarqua-

(1) Val. Max., VIII, 3, § 1. De mulieribus quæ causas apud
magistratum_egerunt.

ble par la méthode, la netteté et la force, elle fut acquittée presque à l'unanimité. Sous le Consulat de
César, Hortensia, la fille de Q. Hortensius, se présenta
devant les triumvirs pour parler en faveur des dames
romaines, qu'ils avaient frappées d'un impôt très onéreux; son discours, digne du nom qu'elle portait, obtint
un succès éclatant et la taxe fut considérablement réduite (1).

Les femmes n'étaient exclues par le texte de l'édit
que de la profession d'avocat, au sens précis du mot,
de la profession qui au bas empire fut réglementée en
corporation (2) et qui consistait à plaider pour autrui.
Les textes étant muets sur les consultations écrites et sur
ce qu'on pourrait appeler la profession d'agent d'affaires, l'esprit du progrès triompha au moins sur ce
point, la pratique s'écartant de la tradition interpréta
la loi dans le sens favorable que tout ce qui n'est pas
défendu est permis, on vit au bas empire des femmes
de loi. Au témoignage de Juvénal et d'Horace (3) il y

(1) Val. Max., VIII, 3, § 3.
Quint., I, 1.
Suivant le témoignage de Valère Maxime, elle s'acquitta de
cette tâche avec autant de fermeté que de succès (constanter et
feliciter). « Fidèle image de l'éloquence de son père, elle obtint
la remise de la plus grande partie de la taxe. Q. Hortensius
sembla revivre dans cette femme et respirer dans le discours de
sa fille. « Revixit tunc muliebri stirpe Q. Hortensius verbisque
filiæ adspiravit (Val. Max., VIII, 3.)
(2) Grellet-Dumazeau. Le Barreau romain, v, 3.
• (3) Juvénal, II, 25-51. VI. 242, I, 63. Horace Sat., I, 3, 19.

avait sous le règne de Domitien, des femmes qui donnaient des consultations de droit et étaient agents d'affaires ; elles suscitaient des procès, composaient des
mémoires pour les avocats, s'inscrivaient comme accu-
sateurs :

> Nulla fere causa est in qua non feminæ litem
> Moverit. Accusat Manilia si rea non est
> Componant ipsæ per se formantque libellas
> Principium atque locos celso dictare paratæ.

B. L'évolution qui s'opposait aux textes et se faisait
sentir dans la pratique jusque dans les fonctions ayant
un caractère judiciaire, se manifestait d'une façon encore
plus marquée dans les fonctions administratives et
gouvernementales ; pour celles-ci comme pour les précédentes, le texte était formellement exclusif, les femmes ne pouvaient pas gérer une magistrature : « Nec
« magistratum gerere, dit la loi 2, au Digeste, de regu-
« lis juris (1) », ce qui embrassait toutes espèces de
magistratures, les magistratures municipales et l'administration des provinces.

Mais si l'on se reporte aux inscriptions et aux documents qui relatent les événements de la vie extérieure,
de la vie publique des Romains, on constate que c'était
presque le contraire qui se produisait dans la pratique.
Sans aller directement à l'encontre de la loi, et sans inves-
tir encore personnellement des femmes de la dignité de

---

(1) Loi 2, pr. L. 17 Dig.

magistrat ou de gouverneur de province, les mœurs s'en écartèrent cependant autant qu'il était possible, et donnèrent aux femmes, du moins aux femmes mariées, une très grande part et un rôle important dans les affaires publiques.

Le progrès, ici, emprunta des armes au principe adverse, c'est sur la tradition même qu'il s'appuya pour triompher. Dans l'idée des religions patriarcales la femme se trouve élevée par le mariage au rang et à la dignité de son mari ; le droit romain fidèle à la tradition avait traduit ce principe en un texte de loi (1): « Nuptiæ sunt conjunctio maris et feminæ et consortium omnis vitæ. » L'esprit du progrès s'emparant de cette notion en tira que la femme, participant à toute la vie de l'époux, devait nécessairement participer à sa vie publique comme à sa vie privée. Etant devenue par le mariage une partie de lui-même, elle partage ses charges, et ses honneurs, elle est, elle-même investie des fonctions publiques, par l'intermédiaire de son mari. Dès lors, les femmes romaines acquirent de jour en jour une importance plus grande dans la vie publique.

Le mouvement s'accentua principalement à partir de l'Empire : déjà Auguste, non content de partager le pouvoir avec Livie et de la consulter dans les situations graves, l'associe aux honneurs qu'on lui rend, et lui fait accorder ainsi qu'à sa sœur Octavie, l'inviolabilité Tribu-

(1) Dig. XXIII, 2. Loi 1.

nitienne (1). Agrippine prend place sur un trône non loin de l'empereur Claude dans ses triomphes, et elle est entourée comme lui des soldats et de leurs aigles (2). Avec les Antonins on donne aux impératrices le nom de « mère des camps et des légions », on y joignit plus tard celui de « mère du Sénat et du peuple » (3). L'exemple donné à la Cour est bientôt imité partout, les femmes de la haute société de Rome se mêlent ouvertement aux affaires publiques ; d'après les inscriptions (4), on voit qu'elles formaient des sociétés importantes (5), où elles délibéraient sur les récompenses à accorder à tel ou tel magistrat, où elles votaient des fonds pour élever des monuments et des statues.

Hors de Rome, leur participation à la vie publique et à la fonction du mari est plus marquée encore. Au témoignage de Tacite (6) on s'adressait à elles, elles s'entremettaient dans les affaires et les décidaient ; dans les élections, elles recommandaient leurs candidats (7) ; elles s'occupaient de tout, même de la discipline militaire et de la direction des armées, « on en vit qui, à cheval, près

(1) Dion., XLIX, 38.

(2) Tacite. Ann. XII, 37.

(3) M. Boissier. Op. cit., II, 219.

(4) Orelli, 2427, 6211, 6000, 3773.

(5) Entre autres, le *Conventus matronarum*. M. Boissier. Op. cit. II, 225.

(6) Annales, III, 33.

(7) Parmi les réclames électorales qui remplissent les murs de Pompéi, beaucoup sont signées par des femmes. G. Boissier. Id., ibid.

de leur mari, assistaient à des exercices, présidaient à des revues et haranguaient les troupes (1) ». Comme l'épouse de l'empereur se faisait appeler *mater castrorum*, celles des légats cherchèrent la faveur des légions, et l'on vit des soldats et des officiers re réunir pour élever une statue à la femme de leur général (2). Le plus souvent, on leur élevait des monuments à elles et à leurs maris ; d'ailleurs elles provoquaient la reconnaissance de leurs concitoyens par des bienfaits particuliers ; elles construisaient des temples, des portiques, elles ornaient le théâtre, elles donnaient des représentations en leur nom (3). Les villes payaient toujours ces bienfaits par des honneurs publics. Les femmes recevaient les mêmes hommages et prenaient les mêmes titres que les hommes. Les grandes associations se mettaient sous leur patronage (4) ; on les appelait « mère et protectrice du municipe », et cette dignité leur était accordée à la suite d'une délibération solennelle (5). Dans certains pays, les femmes parais-

---

(1) G. Boissier. Id., ibid.

(2) Renier. Inscription d'Algérie, 49.

Æliæ Prosperæ Clarissimæ — Feminæ conjugi Caii — Pomponii magni legati — Augustorum duorum — Pr. Pr. Clarissimi — Viri ; Præsidis stratores.

(3) Orelli, 5128, 2193.

(4) Orelli, 4643.

(5) Orelli (4036) rapporte le texte d'un décret rendu par le « Sénat d'une ville d'Italie, en l'honneur de Municia Valeria, « prêtresse de Vénus : « Tous les sénateurs sont d'accord qu'il

sent avoir participé même nominalement au pouvoir
réel ; dans une ville d'Afrique une femme est appelée
*duumvira*.

Messiæ Sapidæ Ziarmir
Messii Sapidionis Stratocletis duumviri filiæ
Messia Castula, *duumvira* amita ejus in honorem fratris.
Anno Pr. CLXXXVIII (1).

Dans les iles Baléares, une autre est dite : « Insulæ
magisteriis et honoribus omnibus functa (2). »

C. L'esprit du progrès l'avait emporté sur la tradition dès l'origine, au point de vue de l'éducation : les
femmes étaient complètement assimilées aux hommes ; il
l'avait aussi facilement emporté dans le domaine des
professions privées : les femmes n'étaient écartées que
de celles qu'un texte leur avait formellement interdites.
S'imposant même dans la sphère supérieure des fonctions publiques judiciaires et gouvernementales, il

« est juste de lui donner le nom de protectrice de la ville, qu'il
« faut obtenir de sa bonté qu'elle veuille bien accepter, et de bon
« cœur le titre qu'on lui offre, qu'elle daigne recevoir chacun
« des citoyens en particulier et la République en général dans
« la clientèle de sa maison, et que toutes les fois que l'occasion
« s'en présentera, elle la défende et la protège par sa puissante
« intervention, « qu'enfin on lui demandera qu'elle permette qu'on
« lui présente une table d'airain contenant le décret qu'on vient
« de rendre et qui lui sera remis par les magistrats de la ville et
les premiers du Sénat ». G. Boissier, ii, 227.

(1) Renier. Inscriptions d'Algérie, 3914.
(2) Corp. inscr. lat., ii, 3712.

triompha dans la civilisation romaine. aussi sur un point où la lutte eût cependant dû être à l'avantage de l'esprit traditionnel.

Toutes les religions des sociétés patriarcales s'accordaient pour proclamer l'infériorité et la perversité de la femme ; celle-ci ne peut-être relevée que dans le mariage, par la communication que lui fait le mari de ses qualités. Rome, tout en suivant la tradition dans les conséquences générales du principe posé, l'abandonne presque dès l'origine, en ce qui concerne l'idée fondamentale ; elle efface d'abord le caractère de perversité si accentué dans les religions d'Orient, elle omet l'infériorité ; si elle existe, les mœurs s'efforcent de la corriger ; enfin. elle introduit une idée de vénération et de respect inconnue en Grèce, comme en Orient, pour la vierge. Loin de déclarer la femme inférieure par nature, nécessairement impure et perverse, elle y voit toujours un être moral capable d'éducation, quelquefois un être supérieur et sacré, quelque chose de pur comme le feu du foyer, seul capable d'entrer en communion avec la divinité la plus vénérée et la plus puissante de la cité, celle dont dépendait le destin du peuple romain et qui formait comme le lien de la société, Vesta, la déesse vierge, représentant dans le monde l'ordre moral. Le progrès prenait déjà dans la religion antique. la forme que devait lui faire revêtir l'évolution plus avancée dans le monde germanique et chrétien ; le respect dû à la vestale, faisait entrevoir l'égalité en

Dieu, de la femme et de l'homme, proclamée par le
Christ, et la vénération mystique dont le germanisme
entourera. la femme.

Le principe, ainsi modifié, entraina, comme conséquence l'accès des femmes aux fonctions publiques
sacerdotales ; les unes, qui leur furent spécialement
réservées et qu'elles exercèrent directement et nominalement ; les autres, qu'elles partagèrent avec leur
mari, et qu'elles remplirent en qualité d'épouse du
magistrat investi de la dignité sacerdotale.

La première et la plus importante de ces fonctions
était le culte de Vesta. Il remontait, ainsi que l'institution des Vestales, à la plus haute antiquité, et persista
jusqu'aux derniers temps de l'empire. Ce sacerdoce
existait à Albe avant la fondation de Rome, c'est de là
qu'il dût venir à Rome, et les archéologues romains
tenaient cette origine pour certaine. On ne discutait
que sur un point, était-ce sous Romulus, ou sous
Numa, que le culte de Vesta avait été introduit à
Rome (1). Suivant la tradition la plus généralement
reçue, Numa aurait institué quatre Vestales, Tarquin
l'Ancien et Servius-Tullius leur en aurait adjoint deux
autres : celles-ci représentèrent les « Luceres » au foyer
de l'Etat, comme les quatre premières y représen-
taient les Ramnes et les Tities. Le nombre de six
resta la règle (2).

(1) Tite-Live, I, 20.

(2) Marquardt. Manuel des Antiq. rom. Trad. Humbert et
Brissaud. Le Culte chez les Romains, II, 22.

Les conditions requises pour l'admission à l'exercice du culte, le mode de nomination des Vestales, leur position hiérarchique dans le sacerdoce en général, les fonctions et les privilèges attachés à cette institution, en faisaient un véritable office public, un *munus publicum* au même titre que les autres sacerdoces, et que les magistratures.

1. Pour pouvoir être choisie comme Vestale, la jeune fille devait réunir certaines conditions dont on ne connaît d'ailleurs que quelques unes : des conditions d'âge et d'origine ; certaines conditions physiques, l'existence actuelle de son père et de sa mère, la non parenté avec les Vestales en fonctions. La jeune novice devait avoir six ans au moins, dix ans au plus (1) ; il est probable que l'on exigeait dans les premiers temps une origine patricienne (2) ; les Vestales ne devaient être ni sourdes ni muettes, elles ne devaient avoir aucun défaut corporel, elles devaient être *patrima* et *matrima*, avoir

---

(1) Ac primum parvæ teneris capiuntur in annis. (Marq. Op. cit., p. 24.)

(2) Mommsen admet pourtant que, dès l'origine, les Vestales pouvaient être prises dans les familles patriciennes et dans les familles plébéiennes. Suivant Cramer, ce n'est que depuis une *lex Papia* que les filles de souche plébéienne ont accès à cette fonction.

On argumente de ce que Labeon déclare qu'il suffit que la Vestale soit issue d'une famille libre, et non altérée par une mancipation d'homme. Auguste admet dans le sanctuaire de Vesta même les filles de *Libertini*. (Marq., id. ibid.).

leur père et leur mère encore en vie ; la loi qui défendait à deux personnes de la même *gens* d'entrer dans un même sacerdoce, s'appliquait aux Vestales (1).

2. Le mode de nomination était, dans le principe, le même que celui du *flamen Dialis*. Comme le flamine, la Vestale est enlevée (*capta*) par le grand pontife. A partir d'une *Lex Papia* de date incertaine (2) le Pon·tifex Maximus proposait vingt jeunes filles parmi lesquelles on tirait au sort dans une *Contio* pour connaître celles qui seraient vouées au service de Vesta. La *Contio* était peut-être les *comitia calata*. Il arrivait aussi quelquefois que les parents offraient eux-mêmes leurs filles à la déesse, et pour les y engager, on vit Tibère assurer une dot brillante à une nouvelle Vestale (3).

La vierge désignée par le sort ou agréée par le Pontifex Maximus et le Sénat, était alors prise (*capta*) (4) par le Pontifex Maximus ; puis on procédait à son *inauguratio* (5), on la conduisait à l'*atrium Vestæ* revêtue

(1) Marquardt. Id., ibid.

(2) Marq. Id., ibid.

(3) Tacite. Ann. IV, 16.

(4) La formule de la *captio* était la suivante : « Sacerdotem « Vestalem quæ sacra faciat, quæ jus fiet. Sac. Vest. facere pro « populo romano quiritibus, uti quæ optima lege fuit, ita te « amata capio ». (Marq. Loc. cit.).

(5) Il y a controverse sur le point de savoir si l'*inauguratio* était encore en usage après la loi Papia. Merklin argumente pour répondre affirmativement du fait qu'elles étaient *exaugurées*.

de l'habit sacerdotal. La Vestale, par la cérémonie de
la *captio* ou de l'*inauguratio*, sortait de sa famille
sans *capitis deminutio* (1). Mais elle ne devenait pas
complètement *sui juris*; elle cessait d'être *persona juri
subjecta*, mais appartenant désormais à la divinité à
laquelle elle était vouée, elle était en quelque sorte sous
la puissance du Pontifex Maximus qui l'avait acquise
pour celle-ci. Libre juridiquement de toute puissance
paternelle, elle était soumise religieusement à la surveillance et à la juridiction de ses chefs hiérarchi-
ques.

3. Les Vestales avaient à leur tête l'une d'entre elles,
la *Vestalis maxima* (2) qui devait le rang qu'elle
occupait à l'âge, et non au choix des autres prêtresses.
Celles-ci étaient classées par rang d'âge en trois divi-
sions, correspondant aux périodes différentes de la
durée de leur charge : elle était de trente ans. Dans
les dix premières années, la Vestale apprenait les cérémonies du culte; dans les dix suivantes, elle exerçait

Marquardt et Mommsen argumentent pour la négative, de ce
que les sources juridiques opposent la *captio* des Vestales à
l'*inauguratio* des grands prêtres. Gaius, 1, 130. Ulp., x, 5.

(1) Elle passait dans une sphère juridique supérieure placée
*quasi in mancipio deæ*, elle ne subissait pas de *capitis deminutio*,
pas plus que celui qui tombe en mourant au pouvoir des dieux.
(Marq. Loc. cit.).

Atrium Vestæ deducta et Pontificibus tradita est eo statim
tempore *sine emancipatione ac sine capitis deminutione* e patria
potestate exit. Ulp., x, 5. Gaius, 1, 130-145.

(2) Quæ natu maxima virgo est. Tacite. Ann. II, 32.

les fonctions proprement dites de Vestale, dans les dix dernières, elle les enseignait aux autres. Après ce temps, la Vestale avait la liberté ou de se faire exaugurer et de rentrer dans la vie privée où elle pouvait se marier (1), ou de rester attachée au culte toute sa vie ; alors elle pouvait parvenir au rang de *Vestalis maxima*, dirigeant l'enseignement des Vestales, et jouant le rôle le plus important dans les sacrifices (2).

Les Vestales relevaient hiérarchiquement du Pontifex Maximus qui les avait nommées. Elles étaient, comme les flamines, placées sous son pouvoir disciplinaire. Le Pontifex Maximus exerçait en quelque sorte sur elles la *patria potestas* au nom de la déesse : il statuait seul, ou le collège entendu, suivant la gravité de la faute commise. S'il s'agissait d'une négligence dans le service, notamment si la Vestale avait laissé éteindre le feu sacré, le Pontifex Maximus infligeait seul le châtiment, sans prendre l'avis de personne. Si une Vestale avait manqué à son devoir de chasteté, la sentence de condamnation (3) ne pouvait être prononcée que le collège entendu. Il est probable que les pontifes ne

---

(1) Gell. I, 12.

(2) Symmach. Epit. 9, 147.

(3) On la condamnait à être enterrée vivante. On la portait dans une bière au *Campus sceleratus* à la porte Colline ; là, on la fustigeait et on l'enterrait vivante sans oser la tuer, parce qu'il eut été « nefas » de faire périr de mort violente une personne vouée à la Divinité. (Marq. Op. cit., p. 29.)

faisaient que donner un avis, le Pontifex Maximus était seul responsable de la sentence.

4. Les fonctions que remplissaient les Vestales, étaient des fonctions publiques. Elles étaient de deux sortes : ordinaires et spéciales. Leurs fonctions ordinaires consistaient dans la garde du feu et de l'eau. Elles entretenaient le feu éternel au foyer de l'État (1). Numa les avait aussi chargées de garder l'eau (2), elles devaient arroser chaque jour le temple à l'aide d'un aspersoir (3) et orner la maison de la déesse avec le laurier qui purifie. Le culte qu'on rendait au foyer de l'État correspondait au culte du foyer de la famille ; les Vestales devaient à Vesta les mêmes offrandes que le chef de famille aux pénates. On leur confiait en outre le sang du cheval sacrifié le 15 octobre au Champ de Mars, et la cendre du veau brûlé aux Forcidies. Elles devaient chaque jour adresser aux dieux, pour le salut du peuple romain, des prières auxquelles on

(1) On le renouvelait tous les ans au 1er mars S'il s'éteignait lui-même, on regardait cela comme un « prodigium » et la Vestale de garde était punissable. On rallumait le feu en frottant l'un contre l'autre deux morceaux de bois pris à un arbre d'heureux augure. (Marq. Op. cit., p. 30).

(2) A Rome, elles puisaient de l'eau courante à la fontaine d'Egérie ou des Camènes ; elles en remplissaient des urnes qu'elles portaient sur la tête dans leur demeure. A Lanuvium, elles la tiraient du Mincius (Marq. Id., ibid.).

(3) On le trouve représenté sur les monnaies parmi les instruments des pontifes. (Marq. Id., ibid.).

attribuait une puissance surnaturelle (1). Dans les moments de danger ou à la suite de prodiges, elles en faisaient de particulières.

Leurs fonctions spéciales consistaient à intervenir dans certaines cérémonies ; elles prenaient part aux fêtes précatives, célébrées au foyer de l'Etat, pour le salut de la famille impériale ; elles participaient également aux sacrifices accomplis en l'honneur de Jupiter, le jour des Ides ; elles intervenaient dans la plupart des sacrifices et des fêtes publiques, au sacrifice des Lupercales (2), aux Forcidia (3), aux Parilia (4), aux fête de la bona Dea (5) du mont Aventin, à celles d'une autre bona Dea, dont le culte était célébré par la femme du Préteur ou du Consul en fonctions. Les Vestales

(1) La *Precatio Vestalium* avait assez de force pour arrêter les esclaves fugitifs tant qu'ils étaient encore dans la ville. (Marq. Id., ibid.).

(2) Le 15 février, elles livraient la *mola salsa* pour ce sacrifice.

(3) Le 15 avril, des vaches pleines étaient sacrifiées à Tellus. Les fœtus des veaux étaient réduits en cendre, par la *Vestalis maxima* ; ces cendres étaient mises en dépôt, pour être soigneusement conservées.

(4) Le 21 avril, le peuple recevait des Vestales, pour faire des lustrations, les cendres de veaux brûlés, le sang du cheval d'octobre et de la paille de fèves.

(5) La fête de la *bona Dea*, sur l'Aventin, où un temple avait été bâti par la vestale Claudia, et rétabli par Livie, était célébrée par les Vestales mêmes, pour empêcher les tremblements de terre. Elles *assistaient* seulement à la fête de l'autre *bona Dea*. Marquardt. Id., ibid.).

célébraient aussi, le 25 août, un sacrifice mystérieux avec le *Pontifex maximus*.

5. Comme une sorte de compensation apportée à ce service public, en général assez pénible, à ces devoirs rigoureux et sévèrement contrôlés, les Vestales jouissaient de privilèges exceptionnels. Elles portaient un costume spécial (1), elles demeuraient dans l'*Atrium Vestæ*. Quand elles sortaient, elles étaient précédées d'un licteur, devant lequel le Consul lui-même s'écartait. Quelquefois même elles allaient en voiture, ce qui leur avait été octroyé en vertu d'un privilège spécial (2). Leur char était un *currus arcuatus* comme celui des flamines (3). Une place d'honneur leur était réservée aux jeux publics (4). Au point de vue juridique, le caractère sacré de leurs fonctions leur donnait aussi une situation privilégiée, *legibus non tenentur;* elles sont affranchies de la tutelle; elles ont la libre disposition de leurs biens; elles rendaient témoignage sans prêter le serment d'usage; on leur confiait des testaments importants, et les conventions

(1) Vêtues de blanc, le front orné d'un bandeau en forme de diadème (*infula*) d'où pendaient des bandelettes, elles se couvraient au moment du sacrifice d'un voile blanc. (*Suffibulum*). (Marq. Op. cit., p. 26).

(2) Tacite. Ann. XII, 42.

(3) Liv. I, 21.

(4) Elles assistaient aux combats de gladiateurs du temps de la République, et même plus tard, mais non aux luttes d'athlètes. (Marq. Op. cit., p. 27, note 5).

diplomatiques (1). Celui qui les outrageait était puni de mort ; après leur mort elles recevaient un dernier honneur, on permettait de les ensevelir dans l'intérieur de la ville.

En dehors des fonctions de Vestales, dont elles étaient investies nominalement, et qu'elles exerçaient directement en leur qualité de vierges, les femmes avaient accès à d'autres fonctions publiques sacerdotales, qui leur étaient confiées soit directement, en leur qualité d'épouses de magistrats importants, soit accessoirement, pour compléter les fonctions sacerdotales de leur mari. C'était à la femme du consul en fonction ou du préteur urbain qu'était confié le culte de la bona Dea. Elle en célébrait les fêtes *pro populo*, en présence des Vestales, dans la maison de son mari (2).

C'était aussi des femmes de magistrats, qui étaient prêtresses de Vénus, de Junon, de Cérès. Tous ces cultes avaient une grande importance, ils avaient un caractère officiel ; les dames romaines qui en étaient investies, et qui étaient chargées de prier pour tous les

(1) Marquardt. Loc. cit.

(2) En l'an 63 av. J.-C., elle fut célébrée dans la maison de Cicéron ; en l'an 62, dans celle de César, qui était alors préteur.

C'était une fête de nuit, secrète, à laquelle aucun homme ne pouvait assister, pas même le magistrat dans la maison duquel avait lieu la cérémonie. (Marquardt. Op. cit., p. 33).

C'est à l'une de ces fêtes, que Clodius prit part sous des habits de femme.

citoyens, étaient dans l'usage assimilées aux autres magistrats de la ville (1). Les femmes avaient également part au culte des Césars, étroitement lié à l'administration des provinces et des municipes ; elles étaient prêtresses des impératrices déifiées. Ainsi, pour honorer Livie et Faustine, quand un décret leur eut décerné l'apothéose, on faisait choix de l'épouse de quelque personnage important, qui lui-même était revêtu de fonctions civiles, et qui souvent, était prêtre d'Auguste ou d'Antonin. Enfin, la plupart des prêtres étaient assistés par leurs femmes, dans leur ministère sacré. La *Flaminica* remplissait des devoirs presque aussi délicats que le *flamen*, elle était soumise à des prescriptions aussi minutieuses (2).

Le mari et la femme avaient alors des attributions semblables ; nommés tous deux de la même façon, et par le suffrage des mêmes personnes, ils remerciaient leurs électeurs en leur faisant les mêmes présents : les flaminicæ élevaient des monuments et donnaient

(1) G. Boissier. La Religion romaine d'Auguste aux Antonins, II, 236.

(2) La *flaminica* ne sortait jamais sans ses vêtements de fête ; elle devait porter les cheveux tressés avec une bande de laine pourpre, et disposés en forme de pyramide (c'était le *tutulus*). Sa tête était enveloppée d'un voile, et d'une pièce d'étoffe, à laquelle on attachait une branche d'un arbre d'heureux augure. Son long vêtement était de laine, et cousu avec de la laine. Ses sandales devaient être faites avec le cuir d'un animal sacrifié ou tué. Elle portait la *secespita* (couteau sacré) comme son mari. (Marq. Op. cit. p. 190. *La Flaminica dialis.*)

des jeux, comme les flamines, leurs libéralités étaient payées par les mêmes hommages (1).

La notion d'équité triomphait donc d'une manière absolue, dans le domaine de la religion. Le principe rationnel de l'égalité des sexes, qui avait dominé dès le début, dans les sociétés fondées sur le maternicat, qui avait été étouffé et refoulé dans les primitives organisations sorties du paternicat, reparaissait, après une laborieuse évolution, dont chaque terme avait été marqué par le triomphe toujours croissant de l'esprit du progrès sur l'esprit de la tradition. Il s'imposait entier, précisément dans la sphère d'où la tradition l'avait d'abord exclu, pour affermir la base du système de despotisme et de subordination.

Telle apparaît ainsi, au seuil du moyen âge, l'évolution accomplie dans les sociétés fondées sur le paternicat : Dans la religion, tandis que la femme, en Orient, est considérée comme indigne même de connaître la loi sainte, qu'elle est, en Grèce, exclue de toute fonction sacerdotale, à Rome, non seulement elle est associée au culte des dieux domestiques, non seulement elle participe, avec son mari, à l'exercice des cultes publics, mais certaines fonctions sacerdotales lui sont spécialement et personnellement confiées ; dans le domaine des fonctions publiques temporelles, alors que l'Orient

(1) M. Boissier. Loc. cit.

excluait rigoureusement les femmes de tous emplois
dans la cité, que la Grèce souffrait à peine qu'une certaine classe de femmes connût les affaires publiques,
Rome, au nom des principes religieux, associe, du
moins indirectement, les épouses aux fonctions administratives et gouvernementales de leurs maris. Au
point de vue des professions privées, si une seule
semble avoir été accessible aux femmes de l'Orient,
un peu plus nombreuses apparaissent celles qui leur
furent ouvertes en Grèce, et presque toutes peuvent
être exercées par les Romaines.

Le progrès accompli au cours de l'évolution. atteint
presque le terme où il doit se rencontrer, dans la
réalisation effective de la notion d'équité et du
principe d'égalité, avec les civilisations fondées sur
le maternicat : la religion romaine qui passe sous
silence l'infériorité de la femme, se rapproche de celle
de l'Egypte, où la femme est l'égale de l'homme ; la
pratique romaine, sinon encore la loi, tend à faire à
la femme, en la vie extérieure et sociale, une place presque aussi grande et importante que le droit égytien.
Ainsi, de degré en degré, au dessus des idées traditionnelles d'infériorité et de subordination nécessaire,
s'élevaient et dominaient, la notion d'équité, les principes de justice, préparant l'égalité et l'indépendance
des individus ; le dernier terme de la civilisation antique rejoignait le moyen âge, qui semblait devoir achever l'œuvre commencée, affirmer ce qui n'était encore
que proposé, développer au grand jour ce qui n'était

qu'entrevu ; les principes déposés au sein des nouvelles sociétés continuaient l'évolution : la doctrine
du Christ et le germanisme s'ajoutaient comme un
complément rationnel du progrès accompli.

La chaîne se trouva rompue. Avec les doctrines
juives, soutenues bientôt par de vieux textes, reparut
la tradition : une nouvelle évolution dut com-
mencer, plus longue et pénible, où les deux principes
en lutte, tour à tour vaincus et vainqueurs, donnèrent
au cours du moyen âge une législation souvent dispa-
rate, parfois contradictoire ; lutte opiniâtre, où l'esprit
traditionnel triompha d'abord à la veille de 1789, mais
où l'esprit progressiste devait avoir le dernier mot, en
la marche ascendante d'une civilisation plus éclairée.

# PREMIÈRE PARTIE

------

## LE MOYEN AGE

------

Deux groupes de principes opposés dominent les décisions du moyen âge, en ce qui regarde la position économique de la femme dans la société : le christianisme et le germanisme, en sa faveur; le judaïsme, envahissant la doctrine primitive du Christ, et la renaissance, prêtant le concours de ses textes à la religion chrétienne dénaturée, pour maintenir la femme dans la dépendance. Dans certaines parties de la législation, ce furent le christianisme et le germanisme qui triomphèrent; ainsi, dans l'institution de certaines fonctions sacerdotales réservées aux femmes pendant les premiers siècles, et en grande partie, dans le régime féodal ; finalement, ce furent le judaïsme et la renaissance qui l'emportèrent; à la veille de 1789, il n'y aura plus de fonctions publiques, ni sacerdotales, ni juridiques, qui soient accessibles à des femmes; la Renaissance

aura remis en honneur le système grec de leur main-
tien dans une ignorance presque absolue, elles se
verront exclues, même des emplois qui eussent dû, à
tout le moins, leur être réservés, en leur qualité de
femmes.

# SECTION PREMIÈRE

## CHRISTIANISME ET GERMANISME

----

Le christianisme et le germanisme se caractérisent d'un mot : le respect de la femme. L'antiquité barbare l'avait courbée sous le joug de la force physique, et avait vu dans sa faiblesse, une juste cause d'esclavage; le moyen âge n'y voit qu'un motif de protection.

Les religions primitives avaient méprisé la femme, et avaient conclu à la légitimité de son avilissement; la doctrine pure du Christ, voit en elle un être humain, digne de tout respect, et qu'il convient d'élever à la place à laquelle la convie sa qualité de personne consciente et morale.

Le christianisme et le germanisme se rencontrent donc dans leurs conclusions, pour achever l'évolution romaine : la femme, sous la réserve de sa force physique, est l'égale de l'homme, elle doit être traitée comme telle dans la société, sauf les dispositions spéciales communément applicables à tout être faible, qui a besoin de la protection des forts, en ces temps de guerre et de combats perpétuels.

La doctrine évangélique procède, comme toutes les

idées de Jésus, d'une conception très haute et très pure
de la divinité ; le Dieu que le Christ révèle, n'est, ni
le Jupiter passionné, violent et exclusif des Grecs, ni
le Jéhovah farouche des Juifs, faisant acception de
race, de peuple, et de personne ; c'est le Père céleste,
qui fait lever son soleil sur les bons et sur les méchants,
qui regarde aux intentions plus qu'aux actes, qui
veille avec une égale sollicitude sur les humbles et sur
les forts. En lui, on a la vie, le mouvement et l'être,
et au même titre, la femme et l'homme participent à la
vie divine. En aucune de ses paraboles, Jésus ne proclame l'infériorité de la femme ; en tous ses discours,
il affirme l'égalité sociale de quiconque aime Dieu, se
confie en sa providence et se laisse guider par le
devoir. La force, d'après lui ne crée ni un droit, ni le
droit ; y a-t-il d'ailleurs d'autre droit que celui qui
dérive de la fraternité et du dévouement ? le plus
humble, n'est-il pas à ses yeux, le plus digne de sympathie, de protection ? D'une telle doctrine, on ne saurait, semble-t-il, faire sortir autre chose que l'égalité
sociale. Les lois d'exclusivisme, les pratiques d'intolé-
rance, qu'elles s'appliquent aux races ou aux individus,
ne sont pas seulement étrangères à l'esprit évangélique, elles sont contraires à l'enseignement le plus
positif du Christ.

Chose étrange, pourtant, en ce qui concerne les
femmes, la civilisation chrétienne a presque toujours
traduit le *compelle intrare* par empêchez-les d'arriver.

## Chapitre Premier.

## Le Christianisme.

———

La doctrine ou l'œuvre même du Christ, dégagée de toute influence juive, est en faveur de la femme ; lui qui avait fait appel aux faibles, l'ami des petits et des opprimés, il avait également pris celle-ci sous sa protection. Jésus proclame l'égalité de tous les êtres humains, hommes et femmes : « il n'y a plus ni Juifs ni Grecs, ni esclaves ni libres, ni mâles ni femelles, car tous sont en Jésus-Christ (1). »

Jésus ouvre la cité de Dieu à toutes les femmes sans distinction, même à la femme adultère (2) : et il réserve une place d'élection à la Vierge ; la femme consacrée à Dieu, et qui a conservé toute sa pureté, a droit à quelque chose de plus, il y a une grandeur et une noblesse en elle, inconnues chez les autres créatures ; elle est plus proche de Dieu, il lui communique quelque

(1) Épit. de saint Paul aux Galat., III, 28.

(2) « Que celui de vous qui est sans péché jette la première pierre contre elle. « « Je ne te condamne pas, va et ne pèche plus. » S. Jean, VIII, 7, 11 ; S. Luc, VII, 37, 47. (Bridel. La Femme et le Droit, p. 88.)

émanation divine de sa sainteté : la Vierge pure a droit
à plus que la justice, le christianisme a pour elle
comme un culte, que ne pourra pas détruire même
l'œuvre du judaïsme.

Sous cette influence favorable, le moyen âge chrétien
eut sans doute largement ouvert aux femmes, l'accès à
toutes espèces d'emplois ; elles purent exercer, et
exercèrent dans les premiers siècles, des fonctions
publiques sacerdotales ; on leur confia la direction et
l'administration de couvents importants ; elles partagèrent avec les hommes, les fonctions de l'enseignement ; la profession de médecin des femmes leur fut
longtemps un monopole.

### § Ier

### *Fonctions publiques sacerdotales.*

Les femmes, dans les premiers siècles du christianisme, participèrent aux dignités religieuses. Pline,
dans une lettre à Trajan (1), dit qu'il a fait mettre à la
torture deux chrétiennes esclaves, qui exerçaient une
fonction ; il s'agit sans doute ici des « diaconesses ».
Ces fonctions étaient généralement confiées à des femmes vouées au célibat ou à des veuves. Les diaconesses recevaient l'imposition des mains. et comptaient
parmi les membres du clergé (2) ; elles relevaient hié-

(1) Livre X, p. 97.

(2) Fleury. Mœurs des Israélites et des Chrétiens (1739), in-12,
p. 143.

rarchiquement de l'évêque. Leurs devoirs les appelaient près des femmes, dans l'église et hors de l'église ;
elles remplissaient des offices d'enseignement et de
surveillance ; elles visitaient dans leurs maisons, les
chrétiennes pauvres et malades, leur répétaient les ins-
tructions du catéchisme, et les conduisaient au baptême.
Dans l'église, elles gardaient les portes du côté des
femmes, avaient soin que chacune fût placée en son
rang, et observât le silence et la modestie ; elles aver-
tissaient les prêtres et les diacres, des besoins des
autres femmes, et faisaient, sous leur direction, tout ce
qu'ils ne pouvaient faire eux-mêmes avec autant de
bienséance. Les diaconesses rendaient compte de leurs
fonctions à l'évêque, ou, par son ordre, aux prêtres et
aux diacres. Même après que l'influence juive eût fait
exclure les femmes de toutes fonctions spirituelles et
religieuses, l'usage s'en était toutefois conservé, comme
par exception, dans quelques couvents : avant 1789, les
Chartreuses de Saleth, dans le Dauphiné, faisaient
encore à l'autel, l'office de diacre et de sous-diacre ;
l'abbesse de Saint-Pierre de Lyon remplissait aussi
l'office de sous-diacre ; elle chantait l'épitre et portait
le manipule (1).

On peut sans doute ranger au nombre des fonctions
publiques, sinon sacerdotales, du moins religieuses, qui
furent accessibles aux femmes, la direction et l'administration des couvents de femmes.

1) Frank. La Femme avocat. Bruxelles, 1888, p. 15, note 1.

L'institution des couvents, au moyen âge, avait presque le caractère d'une institution d'Etat, tant était grande leur importance, non seulement au point de vue spirituel, mais aussi au point de vue temporel. Le caractère de souveraineté, comprenant un certain nombre d'attributs dont le but est la satisfaction de besoins communs, ne se trouvait pas, au moyen âge comme aujourd'hui, au pouvoir de l'Etat seul, mais fractionné et dispersé aux mains de divers groupements intermédiaires entre l'individu et l'Etat, tout ce qui est devenu, dans le monde moderne, fonction étatique appartenait alors à ces groupements : telle, la fonction d'enseignement. L'instruction publique, qui aujourd'hui est fournie par l'Etat, appartenait au moyen âge à l'Eglise. Elle remplissait cette fonction, pour ce que l'on appellerait aujourd'hui l'enseignement secondaire et supérieur, au moyen des couvents ; au moyen des petites écoles ou écoles de grammaire relevant de la paroisse, pour ce qui correspond à l'enseignement primaire.

Les couvents de femmes étaient dirigés par des femmes. L'histoire nous a conservé les noms de célèbres abbesses (1), fondatrices ou directrices de couvents, justement renommées pour leur savoir et leur autorité. Dans les monastères de femmes comme

(1) Lioba, abbesse du monastère de Fulda, connaissait les Livres saints, les écrits des Pères et le Droit ecclésiastique. Leroux de Lincy. Les femmes célèbres de l'anc. France, p. 205.

Sainte Radegonde, fondatrice d'un monastère à Poitiers, sous

dans les monastères d'hommes, le temps était également partagé entre les travaux manuels et intellectuels; les femmes n'y consacraient pas seulement leurs veilles à filer des vêtements pour l'indigence, à soigner les enfants pauvres, que le vice et la misère abandonnaient sans appui, mais elles copiaient les textes des saintes écritures et les œuvres profanes de l'antiquité : « On venait de toutes parts, dit Michelet (1), au couvent de Nivelle, consulter sainte Gertrude sur le sens des plus obscures allégories de la Bible. Au monastère de Chelles, près de Paris, les hommes et les femmes écoutaient avec un égal respect les leçons de sainte Bertilla; les rois de la Grande-Bretagne lui demandèrent quelques-uns de ses disciples, pour fonder des écoles et des monastères, elle leur envoya les maîtres et les livres (2).

Les cloîtres dirigés par les femmes étaient des maisons d'éducation pour les filles. Dès le viiie siècle, et jusqu'à la renaissance des lettres, les femmes d'une

Childebert, composait des poésies latines et faisait jouer des pièces de théâtre dans son couvent. Leroux de Lincy. Op. cit., p. 90, s.

L'abbesse de Fontevrault (1100), avait la suprématie sur la communauté de femmes et sur la communauté d'hommes voisine. Elle avait le double glaive temporel et spirituel; elle punissait et absolvait; d'elle émanaient les censures et les indulgences. Tous les biens de l'Ordre étaient entre ses mains. (Leroux de Lincy. Femmes célèbres de l'ancienne France, p. 206.)

(1) Mémoire sur l'éducation des femmes au moyen âge, 1838, in-4o, cité par Leroux de Lincy, p. 190, s.

(2) Leroux de Lincy. Op. cit., p. 204.

condition élevée passaient une partie de leur jeunesse
dans les monastères, d'où elles retiraient une éducation
littéraire et scientifique assez étendue (1). Dans les
premiers siècles, sous l'action favorable du christianisme pur, on donnait aux femmes l'éducation complète des couvents, comprenant ce que l'on appelait le
*trivium* et le *quadrivium* (2) ; elles savaient en outre
déchiffrer toutes sortes d'écriture, tracer de beaux
caractères, et les orner d'enluminures; elles connais-
saient assez bien la langue latine pour lire la Bible et
les Saints Pères dans les originaux (3). Un grand

(1) Le manuel de Dhuoda, épouse de Bernard, duc de Septi-
manie, qui date de l'année 841, donne une haute idée de l'éducation que recevaient alors les filles dans les couvents.

Dhuoda composa ce traité pour l'éducation de son fils aîné
Guillaume. C'est un manuel de morale chrétienne, écrit en langue
latine, et qui témoigne de connaissances très étendues. Il contient des invocations en vers, des citations de Prudence, de
Donat, d'Ammonius, et d'innombrables passages de la Bible.
Dhuoda y fait de la théologie comme les Docteurs de l'Église,
et de la philosophie à la manière pythagoricienne en faveur chez
les grands théologiens du moyen âge. (Ed. Bondurand. Le Manuel de Dhuoda, 843. Paris, 1887.)

(2) Le *Trivium* comprenait la grammaire, la logique et la
rhétorique.

Le *Quadrivium* se composait de l'arithmétique, de l'astro-
nomie, de la géométrie et de la musique. (Leroux de Lincy.
Op. cit., p. 554.)

(3) Par suite de cette éducation très complète, donnée dans les
couvents, il se trouva, en Italie, des femmes assez versées dans
la science du droit canonique, pour l'enseigner publiquement.

nombre joignait à ces connaissances générales, l'art de soigner les blessures, la science des différentes plantes et du parti qu'on en peut tirer pour la guérison des maladies.

Ce fut des couvents, que sortirent les institutrices des écoles de grammaire, et les femmes médecins, les *Médeciennes* du moyen âge.

## § II

### *Professions Libérales.*

L'instruction primaire était loin d'être aussi répandue au moyen âge que dans les Etats modernes :

Au xiiᵉ siècle, Dotta, la fille d'Accurse, fut lectrice de Droit à Bologne ; au xivᵉ siècle, les deux filles de Jean d'Andrée, Bettina et Novella d'Andrea, furent également lectrices de droit canonique à l'Université des Légistes de Bologne. L'influence favorable du Christianisme continua à se faire sentir, même après que la renaissance des lettres tendit à faire prévaloir le système grec, en cette matière de l'éducation des femmes ; au xviᵉ et au xviiiᵉ siècle, on trouve encore, en Italie, des femmes assez instruites pour professer publiquement dans les Universités. En 1570, Maria Gaetano Agnesi était professeur de mathématiques à l'Université de Bologne. Au xviiiᵉ siècle, la florentine Bettina Calderini et la bolonaise Bettisia Gogyadini furent professeurs à Bologne, l'une de Droit civil, l'autre de Droit canonique. A la même époque, Novella, de Bologne, enseignait le Droit à l'Université de Padoue.

toutefois, dès le xiiie siècle (1), il existait à Paris de
petites écoles soumises à la juridiction du chantre de
la cathédrale, où les enfants de tous les habitants de la
ville, étaient admis moyennant une rétribution légère.
Ces écoles, divisées en deux classes, celles des garçons
et celles des filles, étaient au nombre de 20 pour les
filles au mois de mai 1380 (2) : c'étaient les petites
écoles ou écoles de grammaire ; on y enseignait à lire
et à écrire, à calculer et à pratiquer la religion catholique. Les écoles de filles étaient dirigées par des
femmes, dont quelques noms sont parvenus jusqu'à
nous (3) ; on y apprenait aux filles les mêmes
choses qu'aux garçons, les maitresses devaient aussi
donner à leurs élèves une éducation morale (4). Les
écoles de filles prirent, avec les accroissements de
Paris, un développement considérable, mais celui-ci
fut par la suite arrêté, après la renaissance des lettres,
sous l'influence de l'opposition combinée du Judaïsme
et de l'Hellénisme.

(1) Leroux de Lincy. Op. cit.

(2) Statuts et règlements des petites écoles du 6 mai 1380, p. 179.

(3) Jeanne de Vienete, Jeanne Pelletier, Sersine la Bérangère,
Marion de La Porte, Jeanne la Mercière, mentionnées au règlement touchant les écoles, lu dans la séance du 6 mai 1380.

(4) « Deffendez encore à vos escolières la vanité, le luxe, l'or-
« gueil, la superbe, la braverie, les nuditez du col, du sein, des
« épaules, des bras, d'avoir les cheveux frisez, poudrez, tortillez,
« des galants et autres habillements mondains et braveries
« excessives. » (Statuts et règlements des petites écoles.) Introd.

A l'exemple des prêtres qui étudiaient la médecine dans leurs couvents, et peut-être à leur instigation, dès les premiers siècles du moyen âge, les femmes se livrent aussi à l'exercice de la médecine, et même de la chirurgie. On donnait aux femmes médecins qui pansaient les blessés, le nom de *médeciennes* ou *miresses* (1).

Gauthier de Coinsi (2) en fait mention dans ses œuvres ; au vi⁰ siècle, la reine Radegonde, femme de Clotaire I⁰⁰, transforma la maison royale d'Aties en un hôpital pour les femmes indigentes ; l'hôpital était dirigé et desservi par des femmes (3).

L'enseignement de la médecine faisant partie de l'éducation que recevaient les femmes dans les couvents, presque toutes les filles et femmes nobles avaient des notions de médecine pratique et de chirurgie, les auteurs du temps en témoignent (4) ; en dehors de ces connaissances générales, certaines femmes acquirent la science spéciale des accouchements, et des maladies des femmes, elles exercèrent la profession de médecin et de chirurgien.

(1) Dupouy. Le moyen âge médical, p. 11.

(2)    Tout le monde fait esmerveillier
       En Salerne n'a Montpellier
       N'a si bonne fisicienne
       Tant soit bonne médecienne
       Tous ceux sanes cui tu atouches.

(3) Aug. Thierry. Récits des temps mérovingiens, t. II, p. 266, 2⁰ édit.

(4) Dupouy. Op. cit.

Jusqu'au xvi⁰ siècle, toute la médecine des femmes n'est même exercée que par celles-ci ; c'est un véritable monopole, elles seules sont appelées, même près des personnages de la plus haute distinction, on les admet en justice, comme experts dans les questions de leur compétence ; elles sont chargées par la justice de la constatation des attentats aux mœurs, en ce qui concerne les femmes. Ainsi, on trouve dans le compte de la trésorerie de la reine Anne de Bretagne, pour l'année 1493-1494, que « Thomine Boudeville » était sage-femme de la reine. Le registre de l'épargne du roi Charles IX pour l'année 1572 contient un acte attribuant 1250 livres à « Ysabeau Beaudoin » sage-femme de la reine Elisabeth d'Autriche ; Anne d'Autriche avait comme médecin « Péronne de Moutier » (1).

Au point de vue juridique, un passage du livre de « Jostice et de Plet » constate que trois sages-femmes furent appelées pour examiner une femme nouvellement mariée, que son mari accusait d'être enceinte (2). Il y avait à Paris pour la constatation des attentats aux mœurs, en ce qui concerne les femmes, une corporation de matrones jurées (3), ayant des statuts et

---

(1) Scoutetten. Histoire des femmes médecins depuis l'antiquité jusqu'à nos jours, p. 17-18.

(2) Li onzième livre, titre III.

(3) Péronne de Moutier, médecin d'Anne d'Autriche, fut jurée au Châtelet. Acte du 1ᵉʳ novembre 1648, constatant ses funérailles aux frais de la reine, rapporté dans Scoutetten. Loc. cit.

règlements, qui contenaient la formule des rapports à présenter en justice (1).

Les femmes ne se contentaient pas de pratiquer la médecine ; elles l'enseignaient aussi. On cite une certaine *Trotula*, qui fut professeu de médecine à l'université de Salerne et qui laissa un traité des *Maladies des femmes* (2).

Il y avait aussi au moyen âge, des femmes chirurgiens ; c'est ce qui semble résulter, entre autres documents (3) d'un édit ou établissement de novembre 1311 (4), portant défense d'exercer la chirurgie à Paris, sans avoir été examiné par un jury spécial d'hommes

(1) 23 octobre 1672. « Nous Marie Miran, Christoflette Reine « et Jeanne Porte-Poullet, matrones jurées de la ville de Paris, « certifions à tous qu'il appartiendra, que le 22ᵉ jour d'octobre « de l'année présente, par l'ordonnance de M. le Prévost de « Paris en date du 15 de ce dit mois, nous nous sommes trans- « portées dans la rue de Pompierre, dans la maison qui est « située à l'occident de celle ou l'Ecu d'argent pend pour enseigne, « une petite rue entre deux, où nous avons vu et visité Olive « Tisserand âgée de 30 ans environ, sur la plainte par elle faite « en justice, contre Jacques Mudant, bourgeois de la ville de la « Roche sur mer..... et ainsi, nous, dites matrones, certifions « être vrai, à vous, M. le Prévost au serment qu'avons fait à la « dite ville. » Rapport au Prévost, de Paris transcrit par Laurent Joubert, médecin de Montpellier. (Dupouy. Op. cit.), p. 19.

(2) Dupouy. Op. cit., p. 21.

(3) E. Boileau. Le Livre des métiers. Titre XCVI, art. 4. Édits de 1352, 1364.

(4) Isambert. Recueil des anciennes lois françaises. Édit de 1311.

compétents; aux termes de cet édit, la défense s'applique aux hommes et aux femmes (1).

La médecine des femmes, qui fut pour celles-ci un monopole, tant que ne s'affirma pas le triomphe des idées romaines et juives, sans leur être complètement enlevée par la suite, commença pourtant, dès le xvie siècle, à se partager entre les hommes et les femmes. Tout ce qui était médecine générale et chirurgie, devint bientôt dans les mœurs, l'apanage des hommes: les femmes ne conservèrent que les fonctions subalternes de sages-femmes. C'est ce qui est attesté par les textes (2). Les professions de médecin et de chirurgien furent organisées en corporations d'où les femmes étaient exclues. La chirurgie et la médecine étaient au nombre des arts, que les veuves des membres de la communauté, ne pouvaient exercer elles-mêmes après la mort de leur mari et tant qu'elles restaient en viduité; elle devaient louer leur charge (3). La profession de sage-femme resta néanmoins accessible aux femmes, c'est ce qui résulte, entre autres ordon-

---

(1) Edicto præsenti statuimus uti in villa... nullus cirurgicus *nullave cirurgica* artem cirurgiæ... prius examinati fuerint diligenter et approbati in ipsa arte ac ab ipsis... etc.

(2) Ordonnances juillet 1370; juillet 1484; février 1514; janvier 1576; juillet 1611; janvier 1691; févr. 1730; avril 1772. (Isambert. Op. cit.). Dans aucun de ces textes il n'est plus question des femmes chirurgiens.

(3) G. Breuillac. La Condition civique et politique de la femme, p. 32.

nances, de celles de 1680 et 1681. L'ordonnance du
20 février 1680, fait défense aux femmes *protestantes*
d'exercer les fonctions de sage-femme ; l'ordonnance
du 22 avril 1681 autorise les sages-femmes catholiques
à ondoyer les enfants des religionnaires (1).

La doctrine du Christ, proclamant l'égalité en Dieu
de l'homme et de la femme, allait, ainsi à la suite de
la pratique romaine, assurer le triomphe définitif de la
notion d'équité ; le moyen âge poursuivait le chemin
tracé ; la rupture avec la tradition d'ignorance et
d'inégalité semblait à jamais assurée ; on entrait réso-
lument, à l'exemple de Rome, dans la voie libérale de
l'éducation égale pour les deux sexes, de l'égale admissibilité à toutes les professions, et à toutes les fonctions
sociales ; déjà les médeciennes succédaient aux *medicæ*,
et les Diaconesses aux Vestales.

----

## Chapitre II

### Le Germanisme.

----

Venant fortifier et étendre l'influence première du
christianisme pur, sur le mouvement, favorable aux
femmes, des idées d'égalité et de justice, qui leur don-

(1) Isambert. Op. cit.

nait accès à toutes les fonctions, et ignorait les distinctions subtiles des textes traditionnels, le germanisme exaltant le caractère de la femme, en des qualités étranges de surnaturel mystique au nom desquelles il la proclame non égale, mais supérieure, apporte à l'achèvement de l'évolution, complément des progrès accomplis dans la civilisation précédente, des éléments nouveaux, qui auraient dû résoudre en son sens le plus large la question de la position économique de la femme dans la société.

## § I

### *Principe.*

Les Germains avaient, du moins, au point de départ, des institutions qui présentaient une certaine analogie avec celles de l'antiquité patriarcale. Chez les anciennes tribus germaniques, comme dans les primitives organisations des sociétés fondées sur le paternicat, chaque famille est sous la direction et la conduite de l'homme, maître des individus qui la composent. Mais, tandis que le principe traditionnel ne voit comme sujet de droit, que le chef de famille exerçant un pouvoir souverain sur le groupe qui dépend de lui, les coutumes germaniques, plus libérales, laissent le champ libre à un plus grand nombre de personnes : d'après celles-ci, tout individu capable de porter les

armes, a des droits, celui-là est libre, qui est apte à la
défense, le droit de l'individu et son indépendance
proviennent de sa force (1). Dès lors, la femme ne
sera dépendante que si elle est incapable de se protéger elle-même ; ceci arriva le plus souvent, dans ces
sociétés militairement organisées, et perpétuellement
sous les armes ; plus faible que l'homme, elle eut
besoin d'un protecteur, ce fut son père, son mari, son
fils ; elle fut sous leur tutelle, *in mundio*, elle eut en
eux un représentant, un champion. Mais la notion
d'équité dominant le fait accidentel, le principe d'égalité survivant à l'inégalité passagère, nécessitée par la
force des choses, firent de cette tutelle une institution
de protection dans l'intérêt unique de l'incapable ; tandis que dans l'antiquité, le mépris s'ajoutait à la faiblesse physique pour maintenir la femme dans la
subordination, le respect dont l'entoure le germanisme
tendra à atténuer cette dépendance jusqu'à la supprimer,
dès que la force physique ne s'imposera plus comme
une condition essentielle de la vie du groupe et des
individus, et dès maintenant, toutes les fois que la
femme prouvera en fait que sa force physique est égale
à celle de l'homme. La femme est un être faible, mais
c'est une personne humaine, et même quelque chose de
plus dans l'idée des Germains. « Ils croyaient sentir du
surnaturel dans la nature morale de la femme, *inesse
sanctum aliquid et providum putant* (1) » ; le principe

(1) Louis Bridel. La Femme et le Droit, p. 73.
(2) L. Bridel. Op. cit., p. 77.

de la force est relevé par l'idée morale : « Force oblige ». Les principes germaniques conduisent donc à ces conclusions : la femme a les mêmes droits que l'homme ; son état de dépendance ne doit être que temporaire et transitoire ; c'est parce que tous les droits s'exercent les armes à la main, parce que témoigner, c'est combattre, réclamer un droit en justice, c'est accepter le duel judiciaire et ainsi de suite, que la femme est exclue de presque tous les droits ; c'est enfin parce que les services de fiefs sont des services guerriers, que les femmes sont, à l'origine, exclues de la possession de la terre, mais ce sont les vrais et seuls motifs de son exclusion et de sa dépendance. L'idée fondamentale, essentielle du germanisme, qui va se développer dans les institutions du moyen âge, s'élever au-dessus de la barbarie des premiers siècles et dominer dans le régime féodal, c'est l'idée d'égalité, sinon de supériorité de la femme. Cette idée de simple équité, jointe à l'adoucissement des mœurs toujours en progrès et à l'influence du christianisme, s'il fût resté pur de tout élément juif, allait conduire nécessairement à l'égalité des droits et à l'indépendance individuelle de la femme.

## § II

*Application du principe sous le régime féodal.*

La féodalité se caractérise d'un mot : Confusion de

la propriété et de la souveraineté. A l'origine, la rudesse
des temps et l'organisation toute guerrière de la
Société, nécessitée par les luttes constantes des différentes tribus germaniques entre elles, avaient exclu
les femmes de la propriété, comme de toutes espèces
de droits. Peu à peu, un ordre relatif s'étant établi
entre les vainqueurs et les vaincus, les jours de paix et
de repos de plus en plus nombreux, favorisant l'adoucissement des mœurs et le développement d'une nouvelle civilisation, les femmes furent admises à posséder
des fiefs. Leur qualité de femme ne les écartant plus
de la propriété, l'idée germanique et chrétienne d'égalité triomphe, et s'ajoute à l'idée de souveraineté
attachée à la propriété : on donne à la femme pos-
sesseur de fief, les droits et privilèges du seigneur
féodal ; l'évolution ici fait un pas de plus : en contraste
avec la situation légale des romaines, que les textes
écartaient de tous offices virils, la femme, seigneur de
fief exerce toutes les fonctions des hommes ayant le
même titre ; et si sa qualité de femme est relevée parfois,
c'est pour lui assurer certains privilèges en plus, afin
que sa moindre force physique ne lui soit pas un
obstacle à la conservation de ses droits. La femme,
seigneur de fief, exerce les fonctions publiques,
qui sont essentiellement qualifiées par les Romains :
« Office viril. » Il y eut, au moyen âge, des
femmes commandant d'armée et des femmes magistrat.

## A. *Service de guerre.*

Le service de guerre impliquait l'obligation de se rendre en armes à toute convocation du suzerain, pour aller en guerre ou tenir garnison dans son château. Ce service était un droit et un devoir pour le vassal. Quand le vassal est une femme, on n'y voit plus qu'un droit; la femme est relevée du devoir par un privilège; elle a le droit de fournir elle-même le service de guerre, mais si elle ne veut ou ne peut le faire, elle l'assure en envoyant des hommes armés à sa place. En principe, dit Beaumanoir (1), « s'eles tiennent fief, eles doivent cel meisme service que uns home devrait s'il le tenait... eles doivent fere ce qu'à lor service apartient; » et il ajoute : « Sauf ce qu'eles se poeut escuser en moult de cas que li homes ne peut pas fere. » Ainsi la femme a les mêmes droits que l'homme; elle doit en principe les mêmes services, mais elle jouit, en sa qualité de femme, de certains privilèges fondés sur sa moindre force physique : « Si comme se ses sires le semonnait d'ost ou de cevaucié ou por se meson garder, il soufist s'ele y envoie home soufisant por li; se ele est dame, qu'ele y envoie chevalier et s'ele est demoiselle qu'ele y envoie escuier, car de toz cas d'armes sunt femes escusées en lor persones (2). » C'est là une

---

(1) Coutume de Beauvoisis. Ed. Beugnot. Des Services as sergans. XXIX, 18; I, 408-409.

(2) Beaumanoir. Loc. cit.

faveur qui leur est offerte, elles peuvent en user ou y renoncer à leur gré ; mais le principe reste, pour elles comme pour les hommes, le droit de porter les armes. En général, les femmes propriétaires de fiefs usaient du privilège qui leur était accordé; cependant, il s'en trouva qui se mirent elles-mêmes à la tête de leurs vassaux, et prirent part aux expéditions guerrières. Ceci d'ailleurs était dans les mœurs du moyen âge ; sainte Geneviève et Jeanne d'Arc ne sont pas des faits isolés dans l'histoire; à ces époques de guerres et de troubles, les femmes avaient souvent en fait, toute la vaillance des hommes, et il est peu de combats où quelques femmes ne se signalèrent (1).

(1) Sans rappeler les nombreuses héroïnes des croisades et des guerres féodales, qui s'illustrèrent dans la carrière des armes, on peut citer entre autres, Marie d'Harcourt, qui défendit l'épée à la main son castel de Vaudemont ; Jeanne Hachette, conduisant une armée de femmes contre les Bourguignons de Charles le Téméraire ; Mme de Monteaux, chef d'une armée de marseillaises contre les troupes du connétable de Bourbon; la ville de Marseille a perpétué leur souvenir par le boulevard des Dames, ouvert sur l'emplacement des bastions qu'elles défendirent. Au siège de Montélimar, contre l'amiral Coligny, les femmes de la ville combattirent sous la conduite de Marguerite Delique. Au XVIIe siècle, il y eut même des femmes qui obtinrent des grades dans l'armée; l'histoire nous a conservé les noms du lieutenant Anne de Vaux, dite Bonne-Espérance, qui s'illustra à la défense du faubourg Saint-Antoine, en 1652; du chevalier Balthazar (Geneviève de Prenoy), qui fut lieutenant de cavalerie dans le régiment de Condé. (Leroux de Lincy. Les Femmes célèbres de l'anc. France. Passim. Jean Alesson, Les femmes militaires, p. 6.)

## B. *Service de justice.*

Le service de justice doit être envisagé à deux points de vue : au point de vue du vassal, et au point de vue du suzerain. Au point de vue du vassal, c'est l'obligation de se rendre dans la cour de son seigneur suzerain, pour assister aux assises de chevaliers, sous la présidence du bailli. Au point de vue du suzerain, c'est le droit de rendre la justice en personne, au civil et au criminel. Le service de justice, comme le service de guerre, pouvait être rempli par la femme vassale ou suzeraine ; elle avait le droit de venir en personne siéger à la cour féodale, elle avait le droit de rendre la justice elle-même ; elle avait en outre, comme pour le service de guerre, et par faveur, le pouvoir de se faire remplacer.

1. Le service de justice s'imposait à elle comme à tout vassal : « se feme tient en fief ele pot bien estre contrainte qu'ele voist as jugement » ; ..... « se ses sires veut, il convient qu'ele y vieigne (1) » ; mais par faveur on lui permet de se faire remplacer : « ou qu'ele y envoit home por li por le fief deservir (2) » ; la moindre excuse lui suffit même pour se dispenser du service : « ..... mes bone coze est de ele deporter puis

(1) Beaumanoir. Coutume de Beauvoisis. Des Arbitres, II, 160, ch. XLI, n° 27.
(2) Id., ibid.

l'on ait assés des autres homes qui puissent fere jugement (1) ». — En même temps, c'est un droit qu'on ne
peut pas lui retirer « ..... se li sires l'en voloit déporter
et li per requeroient qu'ele y venist ou envoiast si
doit li sires obéir à lor requeste ».

2. — La femme seigneur de fief a le droit de
rendre la justice, elle exerce la fonction de juge. Ce
droit, sous l'influence du germanisme et en dépit des
protestations canoniques, fut aussi absolu que celui
des hommes. Sur ce point, les témoignages sont nombreux; pour l'Italie, c'est Muratori qui nous a conservé une foule de diplômes du ixᵉ au xiiᵉ siècle, dans
lesquels on voit agir en souveraines, des femmes maîtresses de seigneuries importantes; telle, l'impératrice Angilberge, femme de l'Empereur Louis II, la
duchesse Béatrice, la comtesse Mathilde (2). Pour la
France, Mahaut, comtesse de Flandre, sous le règne
de Louis le Hutin, siégea dans le procès fait à Robert
d'Artois; dans l'arrêt du comte de Clermont, en Beauvoisis, adjugé au roi saint Louis par la cour des
Pairs, la comtesse de Flandre est nommée entre les
pairs présents. Le clergé lui-même dut s'incliner devant cette coutume; Innocent III constate et reconnaît
que, en France, les suzeraines ont plein droit de
justice (3). Yves de Chartres, dans une de ses lettres,

(1) Beaumanoir. Loc. cit.
(2) Murat. antiq. medii ævi, cité dans Laboulaye. La Condition politique des femmes. V, 1.
(3) Laboulaye. Loc. cit., p. 445.

dit avoir renvoyé des plaideurs devant la comtesse de
Champagne ; Chantereau Lefebvre, en son *Traité
des Fiefs*, nous a conservé de nombreux arrêts du
xiii⁰ ou xiv⁰ siècle qui émanent de femmes seigneurs
de fief ; enfin, Louis le Jeune, écrivant à la vicom-
tesse de Narbonne, lui mande que, étant admise
par les usages du royaume, non seulement au fief,
mais aussi à l'exercice de la justice, qui en dépend,
elle ait à se conformer aux usages de France (1).

Le moyen âge, succédant au monde antique et
riche déjà, au premier stade de son évolution, de tout
le progrès acquis en la pratique des précédentes civilisations, s'ébauchait ainsi sur le principe de l'égalité
des individus ; égaux devant Dieu ; ils devaient être
égaux en droit ; sur le principe de la personnalité humaine ; la femme, en qualité d'être moral, devait avoir
les mêmes droits que l'homme ; les premiers degrés
parcourus le montraient réalisant déjà ces principes :
égal accès pour tous à toutes les fonctions, publiques
et privées, spirituelles et temporelles.

Le christianisme et le germanisme allaient achever,
en une progression constante de l'idée de justice, ce
qu'avait commencé l'évolution antique : mais le germanisme se heurta aux textes du Digeste, et le christianisme rencontra les doctrines juives. L'esprit du

(1) Laboulaye. Loc. cit.

progrès, de nouveau arrêté par la tradition, se vit successivement repoussé de toutes ses conquêtes, et dut céder pour un temps devant les forces nouvelles de l'esprit traditionnel; il y eut un recul.

# SECTION DEUXIÈME

## LA RENAISSANCE ET LE JUDAISME

Le romanisme et le judaïsme, bien que partis de
principes différents, arrivent aux mêmes conclusions et
se prêtent un mutuel appui, pour triompher des idées
opposées, que tendaient à affermir les influences premières du christianisme et du germanisme : « la femme
n'est pas appelée à la vie extérieure et sociale, elle
n'est pas apte à exercer des fonctions publiques. Suivant les principes qui servent de point de départ à l'une
et à l'autre des deux doctrines, la femme, sous ces
nouvelles influences, va être repoussée de toutes les
fonctions qu'elle pouvait précédemment remplir : le
romanisme traditionnel, fort de ses textes, l'écarte des
fonctions dites viriles ; le droit canonique, s'appuyant
sur la Bible et les Saints-Pères, argumente de son
infériorité morale pour lui retirer les fonctions sacerdotales et se rattachant à la religion, que lui avait
concédées le christianisme ; la fusion de l'un et de
l'autre avec les principes helléniques remis en honneur
à la renaissance des lettres, achève la dépossession

de la femme de tous emplois sociaux et presque de
tous droits.

———

## Chapitre Premier.

### Le Romanisme des Textes.

———

La renaissance des études juridiques amena, sous
l'action du droit romain, une violente réaction contre
les droits de la femme ; on s'enthousiasme pour les
vieux textes, on les copie, on les commente, on les
développe, et on les veut appliquer directement, et sans
tenir compte des modifications plus conformes à l'équité,
que leur avait fait subir à Rome, la pratique progressiste, par une interprétation toujours plus libérale, de
textes trop étroits en la lettre traditionnelle. Comme
conséquence, les anciennes incapacités de la vieille
législation romaine, reparaissent dans les ouvrages
des juristes du moyen âge, et sont peu à peu introduites à nouveau dans les mœurs. Suivant, en cette
matière, la même marche que dans les autres institutions
juridiques, la coutume se modifie insensiblement au
contact du droit romain ; il se produit une fusion des
divers éléments, le germanisme se fond et s'absorbe
dans le romanisme, pour donner un régime singulier,
mélange de barbarie et de civilisation raffinée, com-
posé d'équité naturelle et de subtilités scolastiques, où

finalement devaient sombrer, les résultats acquis de ce qui est vraiment le progrès dans l'évolution sociale.

La loi 2 *principium, de regulis juris* au Digeste (1) disait : « Feminæ ab omnibus officiis civilibus vel publicis remotæ sunt, et ideo, nec judices esse possunt, nec magistratum gerere, nec postulare, nec pro alio intervenire nec procuratores existere ». Les juristes du moyen âge développent les mêmes principes et en introduisent les applications dans la coutume. Le droit romain donnait pour motif de cette exclusion, des raisons de convenance, et l'incapacité, pour une femme de remplir un office viril ; les anciens auteurs reproduisent presque textuellement la règle et ses raisons d'être. Dans le *Livre de Joslice et de Plet*, on lit : « au meins leus de nos droits est peor la condicion as femes que as homes (2) » ; « la feme ne peut se porter garante, feme ne s'entremete por nul home car ausint comme l'en oste as femes office de juridiction et por lors mors (3) comme por la feblece de lor sen ». L'auteur du livre de *Justice et de Plet*, ajoute même au droit romain ; le jurisconsulte Paul avait fait remarquer, que si les femmes étaient exclues des offices de juridiction, c'était uniquement une question de

(1) Livre L, titre XVII, loi 2, Dig.

(2) Li Livres de Jostice et de Plet, éd. Rapetti, I, viii, § 2. Cf. Loi 9. De Statu Hom. deterior est conditio feminarum quam masculorum.

(3) Cf. Loi 12, § 2, V, 1. De jud. Dig. moribus impediuntur feminæ ne judices sint.

mœurs, et non d'incapacité : « non quia non habent
judicium, » avait-il dit, « sed quia receptum est, ut civilibus officiis non fungantur ». Les juristes du moyen
âge combinent le droit romain avec le droit canonique,
les femmes sont des êtres inférieurs, la « feblece de
lor sen » s'ajoute aux mœurs pour les exclure de
toutes les charges publiques. « La loi a défendu à la
femme », dit Bodin (1), « toutes les charges et offices
propres aux hommes, comme de juger, postuler et
autres choses semblables, non pas seulement par faute
de prudence, mais d'autant que les actions viriles sont
contraires au sexe, à la pudeur et à la pudicité femi-
nine ». Il ne manque pas d'invoquer, à côté du motif
romain, le motif canonique d'infériorité morale, le
« manque de prudence », et il blâme la coutume,
introduite en France sous l'influence du germanisme,
de donner aux femmes, avec la possession des fiefs,
l'exercice de la justice qui y est attachée : « ce qui fut
trouvé bien étrange », dit-il plus loin, « de ce que
Mahaut, belle-mère de Philippe le Long, assista au
jugement de Robert, comte d'Artois, et Marguerite de
Flandre, au jugement du comte de Clermont ».

Sous l'influence du droit romain traditionnel, les
femmes furent d'abord exclues de toutes les fonctions
publiques qui n'étaient pas une dépendance immédiate
de la propriété féodale ; et peu à peu, on arriva même
à les écarter des fonctions souveraines qu'elles pouvaient exercer en qualité de seigneur,

(1) La Rep., VI, 5.

Les textes romains étaient nombreux pour les exclure de l'office d'avocat ; les auteurs coutumiers renouvellent la prohibition et reproduisent les motifs de l'exclusion : « Item, dit Boutillier (1), sçachez que femme, de quelque estat qu'elle soit, mariée ou à marier, n'est à recevoir comme procuratrice, pour quelque personne que ce soit, car à elle fut défendu tout faict d'armes et de procuration, pour la raison de Calphurnie que jaçait ce qu'elle fust femme sage plus que nulle autre, si ne sceult elle avoir mesure et courut au juge sus sans manière, pour ce qu'il appoincta contre son opinion (2). » Le miroir de Souabe (3) dit la même chose : « Nulle fame ne puet estre tuerriz de soi mesme, ne porter la parole en justice ne l'autrui ne complaindre d'autrui sans avoquaz ; ce hunt elles perdu par un gentil dame qui ot non Caefurna qui ot à Rome per devant le roi si foles contenances... » Mais en rappelant la règle, certains auteurs reproduisent aussi l'exception qui avait été apportée par le code Théodosien (4) en faveur de la femme plaidant pour elle ou pour ses enfants : « feme qui pledee est receue por ses enfants », lit-on au livre de Jostice et de Plet (5) : « feme ne puet deffendre nului en plet, mes se ele est sanz seignor, elle puet bien deffandre son

1. Somme rurale. Ed. Macé. Paris, 1603, LI, tit. X, p. 45.
2. Livre II, titre II, p. 674. Op. cit.
3. Titre II, ch. xxiv.
4. Code. Th. de Post. II, 10.
5. II, xix, 7.

pleige et soi mesme. » De même, Philippe de Beaumanoir dans la Coutume de Beauvoisis (1): « il ne loist pas
as feme à être en office d'avocat por autrui por loier ;
mais sans loier pot ele parler por li ou por ses enfans,
ou por aucun de son lignage. » Hors ce cas tout
exceptionnel d'une femme plaidant pour elle ou pour
ses enfants, les femmes, sous l'influence de la tradition
romaine remise en honneur par les auteurs coutumiers,
sont exclues de toutes les fonctions judiciaires, étrangères à la qualité de seigneur féodal.

On alla plus loin : le romanisme combattit le germanisme jusqu'en son domaine propre du régime seigneu-
rial, et triompha. Déjà, la loi espagnole n'autorise la dâme
noble à juger qu'en se faisant assister d'un conseil de pru-
dhommes (2) ; les coutumes flamandes, sans mécon-
naître directement le droit de la dame de fief, de rendre la justice, paralysent l'exercice effectif de ce droit,
en lui prescrivant de se faire remplacer par son bailli.
Enfin, il ne sera plus même souvenir de cette ancienne
participation des femmes à la fonction publique de
juge et de magistrat, après que se sera introduite la
coutume générale, pour tous les seigneurs féodaux, de
rendre la justice par des officiers délégués, et que les
ordonnances royales de 1560 et de 1564, auront rendu
cette délégation obligatoire.

Le romanisme étroit des textes, avait ruiné l'in-

(1) Des Advocats. Ch. V, n° 16.
(2) Laboulaye. Op. cit., p. 445.

fluence généreuse du germanisme. Il ne fut pas seul à accomplir cette œuvre de destruction.

---

## CHAPITRE II

### Le Judaïsme et les Conciles.

---

Le Christ avait voulu le relèvement de la femme et proclamé l'égalité des sexes. Le catholicisme se détourna bientôt de la doctrine pure, et en faussa les enseignements par l'introduction d'éléments juifs.

L'idée générale adventice, qui, avec les Pères de l'Eglise vint corrompre la vraie doctrine chrétienne et ruiner par avance les résultats que faisaient attendre les prémisses posées, c'est l'idée, commune à la plupart des religions antiques, et spécialement aux religions d'Orient, de mépris et de haine pour la femme; les Pères de l'Eglise et les canons des conciles assurèrent le triomphe de l'esprit de la tradition, en consacrant la théorie juive de l'infériorité et de la perversité absolues de la femme.

La femme est un être inférieur; d'après le récit de la Genèse et l'interprétation qui en a été donnée par les juifs et à leur suite par les Docteurs de l'Eglise, la création de la femme est une création de second ordre;

tirée de l'homme, c'est pour lui qu'elle est sur la
terre : « L'Eternel Dieu forma une femme de la
côte qu'il avait prise de l'homme, et il l'amena
vers lui. » La femme est, par nature, un accessoire de l'homme (1). Il y a plus : la femme est
un être pervers. C'est par la femme que le mal
entre dans le monde ; c'est elle, qui vint apporter
le désordre au milieu de l'harmonie primitive, et
troubler ainsi l'originelle félicité : « Souveraine peste
que la femme, dard aigu du démon » ; « par la femme,
le diable a trompé Adam et lui a fait perdre le para-
dis (2) ». « Une femme sans reproche est plus rare que
le phénix ; c'est la porte du démon, le chemin de l'ini-
quité, le dard du scorpion, au surplus une dangereuse espèce (3) ». « Femme » s'écrie Tertullien (4), « tu
es la porte du diable, c'est toi qui la première, as tou-
ché à l'arbre, et déserté la loi de Dieu, c'est toi qui as
persuadé celui que le diable n'osait attaquer en face,
c'est à cause de toi que le fils de Dieu même a dû
mourir ! »

La femme étant par nature un accessoire de l'homme,
son existence est toute relative ; elle ne doit vivre
qu'en vue de l'homme, sa position de naissance est
une position d'humilité, l'article de foi du christianisme

(1) Genèse. II, 18, 21, 22.
(2) Saint Jean Chrysostome, saint Jérôme, cité par Franck.
La Femme avocat, p. 14-15.
(3) Proudhon. La Justice dans la Révolution. III, 90.
(4) *De Cultû feminarûm.* I, 1.

judaïque sera la « relativité » de la femme. La femme étant la cause du mal dans le monde, sa punition consistera dans son assujettissement à celui pour le plus grand bien de qui elle avait été créée; elle a détourné l'homme du bon chemin, qu'elle devienne sa servante : « Femme, tu devrais t'en aller toujours dans le deuil et en guenilles, offrant aux regards tes yeux pleins de larmes de repentir pour faire oublier que tu as perdu le genre humain (1). »

Dans l'histoire des Conciles, dans l'analyse de leurs canons, en chacune de leurs surprenantes décisions, on retrouve le même mépris, la même haine de la femme. Le Concile de Macon, en 581, va jusqu'à demander si la femme doit être rangée parmi les êtres raisonnables ou parmi les brutes, si la femme a une âme, et si elle fait réellement partie de l'humanité (2). Profondément pénétré de l'idée que les femmes sont une espèce dangereuse dont il faut se garder, le même Concile donna ordre aux prêtres de fuir leur société, même celle de leurs parentes. Il défendit aux évêques, aux prêtres et aux diacres, d'habiter sous le même toit que des femmes (3).

Le Concile de Metz, en 888, renouvela ces prohibitions. Le mariage des prêtres, qui était permis dans la doctrine du christianisme pur, est frappé d'anathème

---

(1) Tertullien. *De Cultu feminarum.* I, 1.
(2) An mulier sit homo. (Franck. Op. cit.), p. 14.
(3) **Concile de Macon. Canon** 1. (Frank. Loc. cit.).

par le christianisme judaïque : la femme est l'impure, la corruptrice, qui a apporté le péché sur la terre et perdu l'homme ; le mariage est un mal. Le Concile de Trente, en 1563, dans sa 24ᵉ session frappa d'anathème l'opinion que l'état conjugal doit etre préféré à l'état de virginité ; « il est meilleur de demeurer dans la virginité que de contracter mariage. »

Le christianisme pur, avait, lui aussi, sanctifié le célibat et glorifié la vierge, mais il n'avait pas été jusqu'à rabaisser la dignité du mariage. La femme, comme être humain, étant l'égale de l'homme, le mariage n'avait rien de dégradant ni pour l'homme ni pour la femme ; l'état de célibat n'etait supérieur à l'état de mariage, que parce qu'alors, l'homme ou la femme, plus indépendants des biens de la terre, se trouvaient plus proches de Dieu. Pour le christianisme judaïque l'état de célibat est le seul moyen pour l'homme, de fuir l'impureté de la femme, et pour la femme, d'expier sa faute, l'introduction du péché dans le monde.

La femme, même à l'état de virginité, est encore trop inférieure et impure, pour qu'on lui confie une seule fonction spirituelle et religieuse. Le judaïsme détruit sur ce point, toute l'œuvre du christianisme ; à partir du vıᵉ siècle, depuis le Concile d'Epaone (1) en 527, et le second Concile d'Orléans, sauf quelques très rares exceptions, comme celle des Chartreuses de Saleth, celle de l'abesse de Saint-Pierre de Lyon, il n'y a plus

(1) Franck. Op. cit., p. 15 et note 1.

eu, en France, de diaconesses. La règle désormais, c'est
qu'une femme ne peut recevoir aucun ordre ecclésiastique ; quelque sainte et instruite qu'elle soit, elle ne
peut ni enseigner, ni baptiser, ni prêcher (1). On lui
interdit même de parler dans l'église ; la loi pour
elle, c'est d'être soumise : « non enim eis loqui per-
« missum est, sed subjici, sicut dicit lex (2) ». Elle ne
peut s'approcher des autels ni toucher les vases sacrés,
ni servir les ministres de l'Eglise, ni encenser (3).

En contraste avec l'esprit progressiste du droit sacré
romain, qui confiait l'exercice du culte le plus élevé et
le plus important dans la cité, à des femmes, qui associait
les épouses des grands prêtres, aux fonctions sacerdotales de leur mari ; en contraste avec le christianisme
des premiers siècles, qui admettait les femmes aux
dignités ecclésiastiques, qui avait été jusqu'à donner à
des abbesses, le double glaive temporel et spirituel, avec
la suprématie sur des communautés d'hommes ; le
christianisme judaïque déclarait les femmes incapables
et indignes de toute participation au culte, ne fût-ce
qu'en des emplois tout subalternes.

---

(1) Concile de Carthage.  Canon 99 : « Mulier, quamvis docta
« et sancta « viros in conventu docere non præsumat. » Canon 100 :
« Mulier baptisare non præsumat. »
(2) Concile de Triello en 692. Canon 70. (Franck. Loc. cit.)
(3) Concile de Nantes 660. Canon 3 : « Secundum auctorita-
« tem canonum modis omnibus prohibendum est ut nulla femina
« ad altare præsumat accedere aut presbytero subministrare
« aut infra cancellos stare aut sederë. » Op. cit.

Le judaïsme, jouant au moyen âge le rôle qu'avait joué dans le monde antique, la plupart des religions, apportant une justification au fait de la subordination et de la dépendance de la femme imposé par le despotisme de l'homme, à l'assujettissement injuste du faible par le fort, fortifiait de principes présentés comme infaillibles, (puisqu'ils émanaient de Dieu même), la tendance de l'esprit romaniste traditionnel à refouler, par des textes, le mouvement, d'émancipation et de progrès vers l'égalité des deux sexes, sorti de l'évolution à laquelle s'étaient joints le christianisme et le germanisme. Le droit canonique et le droit romain se prêtaient un mutuel appui, pour effacer de la coutume le principe qui s'y inscrivait déjà, du libre accès pour les femmes, à toutes les fonctions publiques et privées, spirituelles et temporelles.

Un nouvel élément s'ajouta, pour accélérer l'exclusion, et la rendre inévitable : l'hellénisme, à la renaissance des lettres.

---

## Chapitre III

## Hellénisme.

---

**Conséquences de la fusion des trois éléments grecs, romains et juifs, sur la position économique de la femme dans la société du moyen-âge.**

La renaissance grecque produisit sur le mouvement

de la situation sociale de la femme, un effet analogue à celui qui résulta de la renaissance juridique. Comme pour les textes du Digeste, ou s'enthousiasma pour les écrits de Xénophon et d'Aristote, et on s'empressa de les mettre en pratique.

Les esprits étaient d'ailleurs préparés par le droit romain des textes et par le droit canonique, à accueillir les préceptes des philosophes grecs sur le rôle effacé, purement domestique et subordonné, qui devait être celui de la femme ; on en revint aisément à l'éducation grecque. Désormais l'instruction des femmes, si étendue et si complète dans les couvents des premiers siècles, se borne au catéchisme, à l'écriture, la lecture et un peu d'arithmétique ; toutes femmes doivent savoir lire et coudre, mais cela suffit ; l'hellénisme se rencontre avec la doctrine des Pères de l'Eglise : « Il ne faut pas permettre à la femme d'acquérir de l'éducation ou de s'instruire. Qu'elle obéisse, qu'elle serve et se taise (1). » Sous cette double influence, on préconise de plus en plus l'éducation privée. L'éducation publique des filles devint en défaveur jusqu'à la Révolution ; on ne connut bientôt plus les institutrices des petites écoles de filles ; les écoles de grammaire devinrent des écoles mixtes, tenues par le curé ou par son clerc ; en droit, elles étaient ouvertes aux filles et aux garçons, mais, en fait, les filles fréquentaient peu les écoles ; au degré primaire et au degré secondaire, toute leur instruction

(1) Saint Paul, cité dans Franck. Loc. cit.

se borna vite à apprendre, avec le catéchisme, à laver,
à filer et à coudre.

La renaissance grecque acheva ainsi de ruiner les
influences favorables du christianisme et du germanisme. Le droit romain et le droit canonique avaient
posé et prouvé les principes de l'infériorité de la femme,
et la nécessité de son exclusion de toutes fonctions
sociales ; les philosophes grecs apportent les moyens
de rendre cette exclusion inévitable : la femme déclarée inférieure en droit, le devint en fait.

On aperçoit dès lors aisément quelles professions
lui restaient accessibles, dans une société où tous se
coalisaient pour la chasser de la communauté, de
l'humanité même ; repoussées de partout, privées de tous
droits, même du droit à l'instruction, il ne resta plus
aux femmes que la domesticité, les professions les
plus viles et les plus mal rétribuées. Les femmes ne
pouvaient plus remplir que des professions ne nécessitant aucun savoir, et que celles qui, par la nature des
choses, ne pouvaient appartenir qu'à elles (1). Sauf quelques exceptions trop peu nombreuses, la réaction

(1) Par exemple, on voit dans les anciennes ordonnances, que
c'était une femme qui faisait la fonction de bourreau pour les
femmes, lorsqu'il s'agissait d'en fustiger quelqu'une. L'ordonnance de 1264 porte « que celui qui aura mesfait ou mesdit sera
battu par la justice du lieu, tout de verges en appert : C'est à
« savoir li homes par homes et les femes par seules femes sans
« présence d'homes. » (Encyclopédie méthodique. Exécution de
la haute justice.)

opérée par l'Eglise et la renaissance, avait exclu les femmes, même des métiers rentrant dans le commerce et l'industrie (1).

## § I

### *Professions libres.*

En très petit nombre, mal rétribuées, et rentrant presque toutes dans la catégorie de la « domesticité », les professions libres étaient vite encombrées par les femmes du peuple, et avilies par l'excès de l'offre sur la demande. C'étaient les fonctions de chambrières, de nourrices et de servantes de toutes sortes. Une ordonnance du roi Jean (2), sur la police générale et sur les divers métiers de la ville de Paris, avait déjà, en 1351, fixé le salaire maximum des gens de service ; les chambrières gagnaient 20 sols, de la Saint-Martin à la Saint-Jean ; 30 sols, de la Saint-Jean à la Saint-Martin d'hiver (3) ; les nourrices, 50 sols l'an et non plus.

La même ordonnance fixait aussi le salaire des femmes faisant profession de recommander et de louer des domestiques aux bourgeois de la ville ; ces femmes appelées « commanderesses » tenaient des bureaux de

(1) E. Boileau. Le Livre des mestiers de la ville de Paris.
(2) Titre XXVII. Les chambrières. Op. cit.
(3) Titre XXVIII. Op. cit.

placement et servaient de répondant, aux chambrières
et servantes venues de la province : « *Item*, les com-
mandaresses qui ont accoustumé à louer chamberières
et les nourrisses auront pour commander ou louer
xviii deniers tant seulement, et d'une nourrisse ii sols
tant d'une partie comme de l'autre, et ne pourront
louer ne commander que une foiz l'an (1). »

## § II

### *Professions réglementées.*

Les professions réglementées, accessibles aux
femmes, étaient encore de celles qui ne pouvaient
être remplies que par elles ; les unes ne nécessitant,
comme les précédentes, aucun savoir, étaient la profession de toutes les femmes qui n'avaient aucune
autre ressource ; les autres, plus élevées, supposant de
l'intelligence et du savoir, restaient uné des rares applications du principe d'égalité, ébauché au début du
moyen âge.

### a) *Les Courtisanes.*

Il suffit d'ouvrir la table d'Isambert (2) au mot Fille,
pour voir d'un coup d'œil, à quel point la profession
de courtisane était répandue en France, pendant tout le
moyen âge, et à combien de réglementations diverses

(1) Ordonnance du 3o janvier 1351. Titre XXVIII, art. 2.
E. Boileau. Op. cit.
(2) Recueil des anciennes lois franç.

elle donna lieu. Sans entrer dans les détails, on peut remarquer que cette profession reçut une organisation corporative ; il y eut, dans la plupart des villes, des maisons de femmes relevant fiscalement soit de la cité, soit du seigneur ou de l'Eglise, dans les caisses desquels tombait leur revenu net. Ces femmes élisaient une matrone qui avait le soin de la discipline et du bon ordre. Il y avait aussi des corporations de ce genre attachées au service des armées (1).

b) *Les Comédiennes.*

La profession d'actrice, accessible aux femmes dans toute l'antiquité romaine, leur avait été interdite sous l'influence de l'Eglise par Théodose (2). Au cours du moyen âge, sous l'action des influences diverses qui entrent en lutte et se contrebalancent, on s'écarta peu à peu de la lettre du texte; on admit d'abord les femmes à prendre part aux représentations théâtrales comme figurantes dans les corps de ballets (3); il se prépara ainsi un mouvement de retour aux principes progressistes, qui fut réalisé, en cette matière vers le xviie siècle.

(1) Auguste Bébel. La Femme dans le Passé, le Présent et l'Avenir.

(2) C. Th. XV 7. L. 10.

(3) G. Breuillac. Cond. civique et politique de la femme, p. 31.

A partir de cette époque, les emplois de femmes sont tenus sur la scène par des femmes. Au point de vue juridique, la condition des comédiennes est la même que celle des comédiens; sous Louis XIV, les documents relatifs à la réglementation de la profession, mentionnent les actrices sur la même ligne que les acteurs (1). Ils leur donnent les mêmes droits et les soumettent aux mêmes règlements.

Cette profession apparaît ainsi, avec quelques autres, comme une exception équitable au milieu de l'exclusion générale dont les femmes sont victimes, en ce qui concerne presque toutes les professions honorables et lucratives.

## § III

*Professions Commerciales et Industrielles.*

Le droit romain traditionnel et le droit canonique

---

(1) **Lettre** du 22 octobre 1680 adressée par Louis XIV au lieutenant général de police, pour réunir en une seule troupe les comédiens de l'hôtel de Bourgogne et ceux de la rue Guénégaud : « afin », dit ce document », de rendre les représentations des comédies plus parfaites par le moyen des acteurs et des *actrices*, auxquels Sa Majesté a donné place dans la dite troupe. » Isambert. Op. cit.) De même les actes d'union des 15 avril et 15 juillet 1725, le contrat du 17 mai 1728, passés par les comédiens à la suite de cet ordre du Roi, constituent une société comprenant les acteurs et les *actrices*.

avaient étendu leur influence funeste à la femme, jusque dans les professions se rattachant au commerce et à l'industrie.

Pendant les premiers siècles du moyen âge, continuant l'évolution progressiste de la pratique romaine, les femmes étaient employées dans presque tous les travaux d'industrie : la filature, le tissage du lin et de la laine, le blanchissage, la teinture des étoffes, la confection des vêtements étaient réservés aux femmes (1); celles-ci étaient employées soit dans les manses seigneuriales (2), soit dans les couvents de femmes (3).

L'idée d'égalité que tendaient à développer le christianisme et le germanisme, apparaissait en cette matière, comme dans celle des fonctions publiques; tous les métiers devaient être accessibles aux femmes comme aux hommes, avec les mêmes privilèges et les mêmes dignités. C'est ainsi, semble-t-il, que l'on peut expliquer la situation toute privilégiée, faite aux femmes,

(1) Levasseur. Histoire des classes ouvrières avant 1789. T. I$^{er}$, p. 114 et suivantes.

(2) Elles étaient sous la direction soit de la femme du seigneur qui distribuait les tâches et surveillait le travail ; soit d'un intendant, qui fournissait la matière première et les outils, et veillait à ce que l'ouvrage fût achevé en temps utile. Loc. cit.

(3) Une règle antérieure au IX$^e$ siècle ordonne aux femmes de rester à l'ouvrage de la 2$^e$ à la 9$^e$ heure et permet à l'abbesse, en certains cas, de faire durer le travail jusqu'au soir. (Règle de saint Césaire d'Arles, donnée par la reine Radegonde au monastère de Poitiers, publiée par Aug. Thierry dans ses *Récits des temps méror.*) Leroy-Beaulieu, le travail des femmes an XIX$^e$ siècle p. 11.

dans un petit nombre de métiers où, comme exceptionnellement, elles pouvaient non seulement être apprenties et ouvrières, mais encore parvenir à la maîtrise et avoir accès aux dignités de la corporation (1). Ainsi, dans l'industrie de la soie, les ouvrières en tissus de soie, les « tisserandes de soie », les « feseresses de chappeaux d'or et d'œuvres à un pertuis », pouvaient avoir la maitrise et l'office de chef de la corporation. Dans le métier des tissus de soie, les femmes partageaient avec les hommes la dignité de juré : « por cest mestier garder en la manière que il est devisé par desus, doivent estre establis : un mestres et *trois mestresses* (2) ».

Le métier de « tisserande de soie » était propre aux femmes : les jurés chargés de la surveillance étaient aussi des femmes : « ou mestier desus dit a *trois preudesfames* qui garderont le mestier, de par le roi jurées et sermentées au Châtelest, qui feront à savoir toutes les mesprentures que l'en fera ou mestier par toutes les foiz qu'ils le trouveront (3).

(1) E. Boileau. Le Livre des métiers.
Titre XXXVIII. Mestier des tissuz de soie.
Titre XLIV. Mestier des tisserandes de queuvrechiers de soie.
Titre XCV. Du mestier de feseresses de chappeaux d'or.
(2) Titre XXXVIII. Op. cit.
(3) Titre XLIV. Op. cit.
On lit aux marges du titre : « Johana la Pie en la rue au guet;
« Houdée de Fosses, Aclesia de Meld(is) en Perrin Gastée, sont
« jurées de cest mestier le merquedi après la Mag(delaine)
« l'an IIII et XVI. »

Il en était de même du métier de « feseresse de chappeaux d'or (1) ».

Dans le métier de fileresses de soie à petits ou à grands fuseaux (2), les femmes, moins favorisées, peuvent, il est vrai, parvenir à la maîtrise, mais elles ne peuvent remplir l'office de jurées : « el mestier devant dit a 2 preud'omes jurés et sermentez de par lou Roy (3) ».

Mais ces métiers sont, avec quelques autres, ceux de matrone ou sage-femme, marchande lingère (4), lacière, pigneresse (5), presque les seuls qui soient directement accessibles aux femmes.

Il y a là, comme une survivance de l'influence germanique et chrétienne, mais isolée et trop faible, pour lutter contre les progrès toujours croissants des influences contraires. Dès le xiiie siècle, on peut dire que tous les métiers sont exercés par les hommes, depuis celui d'épicier-apothicaire, jusqu'à celui de tailleur de robes et de chapelier de fleurs (6).

(1) Titre XCV. Op. cit.

(2) Titres XXXV, XXXVI. Op. cit.

(3) Titre XXXV, art. 11. Titre XXXVI, art. 10. Op. cit.

(4) Règlement de Charles VIII d'août 1485, confirmé en mars 1514.

Lettre patente de juin 1547. Arrêt du Conseil du 25 avril 1665, portant qu'aucune fille ou femme ne pourra être reçue marchande lingère, qu'elle ne fasse profession de la religion catholique, apostolique et romaine. (Isambert. Op. cit.)

(5) E. Boileau. Le Livre des métiers. Passim.

6) E. Boileau. Op. cit.

En sorte qu'on peut poser comme principe général, que dans l'ancien droit, à part les exceptions mentionnées, on ne recevait pas de femmes dans les communautés de marchands et d'artisans.

Toutefois, il y était fait une certaine place à certaines femmes : les filles de maîtres avaient le privilège de communiquer la maîtrise à celui qu'elles épousaient ; les veuves pouvaient continuer le commerce et métier, tant qu'elles restaient en viduité (1), mais elles ne pouvaient le faire que s'il s'agissait d'un métier ne nécessitant aucun savoir particulier ; et dont l'exercice ne présentait aucun danger pour la sécurité publique ; pour ceux-ci, elles n'avaient qu'un droit, celui de louer leur charge. Tels étaient le métier de chirurgien, retiré aux femmes, vers le xvᵉ siècle, le métier d'épicier-apothicaire (2). D'autres métiers étaient accessibles aux femmes, à condition qu'elles fussent filles ou femmes d'ouvriers ayant exercé le même métier : tels, entre autres, le métier de corroyeur (3), le métier de marchand de poissons (4).

(1) Lettre du Prévost de Paris du 17 janvier 1476, sur le mestier de saulcissier et charcutier.

Lettre de Charles IX d'avril 1567, confirmant des statuts donnés aux vinaigriers. Art. 19.

Lettre d'Henri IV, novembre 1599, confirmant les statuts des jardiniers. (E. Boileau. Le Livre des métiers, 2ᵉ partie.)

(2) Lettres patentes de Charles VIII, août 1484. (E. Boileau. Loc. cit.)

(3) E. Boileau. Le Livre des métiers. I. LXXXVII, art. 8-9.

(4) I. C, art. 5. Op. cit.

## Conclusion.

Le moyen âge, qui aurait dû clore la série des termes constituant l'ensemble du progrès accompli dans les sociétés fondées sur le paternicat, laissa une brèche ouverte à l'envahissement de l'esprit traditionnel. La notion d'équité qui caractérise les institutions d'une civilisation achevée, le principe d'égalité qui manifeste le progrès réalisé, s'affirmant plus entiers de l'Orient à la Grèce, de la Grèce à Rome, des textes à la pratique, allaient passer des mœurs acceptées, dans de nouveaux textes législatifs, de la coutume acquise, dans des lois libérales, expression de l'esprit du progrès : la renaissance de l'esprit traditionnel vint détruire l'œuvre d'une évolution de douze siècles.

Les principes religieux de la Bible et du Talmud remis en honneur par les Pères de l'Eglise et les conciles, firent de la doctrine du Christ, qui devait être un instrument de progrès destiné à poursuivre et à élargir la voie ouverte par la religion de l'empire romain, un moyen de réaction et de recul, jusqu'aux primitives dispositions établies par le despotisme patriarcal des premiers âges. La renaissance juridique, qui eût dû fournir des formes scientifiques destinées à exprimer et à affermir en lois fixes, les institutions nouvelles en harmonie avec le progrès accompli, imposa le fond traditionnel de ses vieux textes tombés en désuétude. mais forts de leur précision. Elle entraîna la défaite des

Idées progressistes n'ayant en leur faveur que l'équité
et la justice non écrite. Enfin, la tradition trouva des
armes jusque dans la renaissance des lettres : tandis
qu'il n'était pas de traces écrites de l'évolution accomplie
en les civilisations antiques, et des conquêtes effectuées
dans la pratique, par l'esprit du progrès, celle-ci pouvait
s'appuyer non seulement sur des textes de loi et sur
des préceptes de religion, mais elle puisait de nouvelles forces dans les raisonnements des philosophes. A
ce point de vue, l'esprit du progrès pouvait à la vérité,
invoquer aussi quelques auteurs anciens, mais trop
peu nombreux, et presque sans autorité devant la majorité des traditionnalistes, devant les lois et les religions.

A la fin du moyen âge, dans la société tout entière,
à tous les degrés, en toutes matières, dans toutes les
fonctions, la réaction triomphait ; il n'était pour ainsi
dire plus trace, à la veille de 1789, des premières applications de la notion d'équité essayées, aux débuts, par
le christianisme et le germanisme ; à part quelques
rares et exceptionnelles survivances du principe d'égalité, comme dans les professions artistiques, et un petit
nombre de professions industrielles, l'infériorité et la
subordination s'imposaient comme une règle inflexible.
L'éducation des femmes était nulle ; comme conséquence nécessaire, leur position dans la cité était
retombée au plus bas degré ; elles y occupaient la place
que leur assignaient dans l'antiquité, les civilisations
de la Grèce et de l'Orient ; aucune fonction publique,
ni spirituelle ni temporelle, ne leur était plus accessible ;

elles ne pouvaient exercer aucune des professions qui
nécessitent quelque science ou quelque savoir techni-
que, presque tous les métiers leur étaient fermés.

Telle avait donc été l'œuvre des forces combinées
de l'Église et de la Renaissance, prêtant des armes
redoutables à l'esprit de la tradition : on était descendu
bien au dessous de la société féodale, on avait perdu
jusqu'aux conquêtes de la civilisation romaine, on
avait reculé jusqu'à la Grèce, jusqu'à l'Orient, en de
certains points : une réaction en sens inverse était
inévitable.

# DEUXIÈME PARTIE

---

## LES TEMPS MODERNES

---

Un siècle devait suffire à effacer les traces les plus profondes, imprimées en la question de la position des femmes dans la société, par le mouvement de recul dû à la renaissance des idées traditionnelles. Aujourd'hui, la condition économique des femmes est très supérieure à ce qu'elle fut à la veille de 1789 et dans les sociétés de la Grèce et de l'Orient; elle s'élève même, à certains points de vue, sensiblement au-dessus de celle des Romaines; mais, si les échecs infligés, au moyen âge, par l'esprit traditionnel à la notion d'équité et de justice, furent en partie réparés au cours de l'évolution récente, celle-ci n'est pas achevée; il lui faut parcourir encore des termes importants, le principe d'égalité ne reçoit pas pleinement satisfaction.

L'évolution accomplie au cours du XIXᵉ siècle fut relativement assez rapide : outre qu'elle trouvait comme des précédents, en les civilisations antiques, elle fut

activée par la renaissance des idées d'équité et de justice, solennellement affirmées, et posées en principes
inaltérables, par la Révolution. L'esprit du progrès
vaincu et paralysé à la veille de 1789, écrasé sous le
poids de la tradition triomphante, se relève plus fort
après la défaite ; le souffle de liberté et d'égalité dont
la Révolution anima les esprits généreux, lui donne un
puissant élan, qui devait lui assurer une prompte victoire. Il fut en outre soutenu dans sa marche ascendante,
par les conquêtes, de jour en jour plus fécondes, des
sciences naturelles et philosophiques ; l'égalité intellectuelle et morale de l'homme et de la femme fut scien-
tifiquement démontrée par la métaphysique ; l'infériorité physique ne subsista devant la science qu'en ce
qui concerne la force musculaire, et encore, ne put-on
établir que des généralités, souffrant de nombreuses
exceptions ; l'esprit traditionnel dut bientôt se borner
à opposer à ces principes nouveaux, des objections
qui furent aisément réfutées par les faits.

Les principes et les objections, forme moderne que re-
vêtirent l'esprit du progrès et l'esprit de la tradition, trouvèrent d'abord leur expression et occupèrent l'attention
publique, dans des œuvres théoriques nombreuses. Ils
passèrent de là dans la pratique. De vives réclamations
se produisirent de la part des femmes qui demandèrent
la réalisation des principes posés ; elles rencontrèrent
la résistance d'abord opiniâtre des traditionnalistes ;
mais devant les revendications plus pressantes et plus
nombreuses, soutenues par l'opinion publique gagnée à

l'esprit du progrès, on céda sur des points considérés peu importants; dès lors, l'ère des réformes fut ouverte; l'esprit de la tradition n'eût bientôt plus que peu de partisans, le législateur intervint pour faire prédominer l'esprit du progrès.

Les quelques stades qui restent à franchir devront assurer à la notion d'équité un triomphe définitif. Ainsi de degré en degré, et après de longs siècles de lutte contre la notion primitive du despotisme brutal et de la subordination inique, s'imposeront enfin, dans les sociétés dérivées du paternicat, l'égalité et l'indépendance des individus, acceptées et réalisées naturellement et comme instinctivement, dans les sociétés fondées sur le maternicat.

# SECTION PREMIÈRE

## PRINCIPES ET OBJECTIONS

---

A mesure que les progrès de la civilisation donnent aux hommes une notion plus exacte du droit et une idée plus nette du devoir, à mesure qu'ils acquièrent une plus grande connaissance des principes qui régissent les développements sociaux et les conditions les plus favorables à la prospérité générale, l'esprit public se préoccupe plus vivement de la condition faite aux femmes dans la société. On s'aperçoit qu'elles n'y tiennent pas la place à laquelle les convie leur qualité d'être conscient et intelligent, à laquelle les appelle l'intérêt bien entendu de tous ; l'étude des principes et les enseignements de la pratique conduisent à des conclusions plus libérales : la justice et le progrès demandent que les femmes aient accès à toutes les carrières : c'est une nécessité philosophique, une nécessité sociale.

---

CHAPITRE PREMIER

## Établissement du Principe.

———

La femme est une personne humaine ; une individua-
lité propre, consciente, autonome, responsable. Sur le
terrain de la philosophie et de la psychologie, on ne
peut refuser d'accorder l'égalité de l'homme et de la
femme, ou mieux « l'équivalence » (1). Aucun individu pris absolument, n'est en effet identique à l'autre,
pas plus la femme à l'homme, qu'un homme à un
autre homme ; mais si, métaphysiquement, il y a dis-
semblance, philosophiquement, en considérant l'unité
de l'espèce, il y a égalité. « L'Etre humain, en tant
qu'être, n'a pas de sexe, il est vu sous ses deux aspects, l'homme et la femme ne sont pas deux êtres
essentiellement et profondément divers, mais seulement deux manifestations de la personnalité humaine (2). »

Or, ce qui constitue proprement la personne humaine, c'est la conscience, qui ne se retrouve chez
aucun des êtres réellement inférieurs à notre espèce,
et d'où découle pour chacun de nous la responsabilité

(1) Léon Richer. La Femme libre, p. 36.
(2) L. Richer. Op. cit., p. 37.

des actes bons ou mauvais que nous accomplissons.
Tous les individus de l'espèce humaine sont à l'état
conscient, tous se sentent autonomes, et tous se sentent
libres. C'est seulement en descendant l'échelle des êtres
que l'on cesse d'apercevoir ces qualités supérieures ;
refuser l'égalité de l'homme et de la femme, à ce point de
vue, ce serait dire que l'on descend quand on parle de la
femme ; mais, trouverait-on, dans le monde moderne,
quelqu'un qui osât soutenir sérieusement la doctrine
des Pères de l'Eglise, du Talmud et du Coran ? Difficilement sans doute, et personne ne pourrait dire aujourd'hui, que la femme n'est pas un être conscient,
qu'elle ne connaît pas, comme l'homme, sa personnalité, qu'elle n'est pas responsable : la loi elle-même
proclame d'ailleurs ici l'égalité des sexes, elle leur impose les mêmes devoirs, elle les punit des mêmes
peines.

Il n'appartient donc à aucun de refuser à la
femme les moyens de développer ses facultés ; on n'a
pas le droit d'entraver sa liberté, d'opprimer ses vo-
lontés, d'étouffer ses aspirations, de dominer sa conscience, de porter atteinte au libre épanouissement de
son être intellectuel et moral : les principes postulent
que la femme soit libre comme l'homme, au même
titre que lui, que toutes les carrières lui soient ouvertes, que toutes les professions lui soient accessibles.

Si on s'écarte du principe, la situation faite aux femmes, non seulement ne s'accordera pas avec le droit
strict, mais il paraît incontestable, qu'elle ne sera en

rapport, ni avec les services que les femmes peuvent rendre, ni avec le niveau réel de leur intelligence, ni même avec les intérêts bien entendus de la société. En droit strict, la femme a droit au travail, car elle a droit à l'indépendance ; lui refuser le droit de travailler, le dénier à celle que la fortune n'a pas favorisée et pour qui le travail est une nécessité, c'est la contraindre à accepter d'autrui sa subsistance quotidienne, la mettre toute sa vie à la merci d'un homme, la faire tomber dans une dépendance absolue, d'autant plus douloureuse, qu'elle est irrémédiable. Au point de vue économique, il est meilleur pour la société que la femme travaille que de ne travailler point ; il est plus avantageux, dans l'intérêt de la collectivité, que les femmes concourent avec les hommes pour l'exercice des fonctions publiques. Si, comme quelques-uns l'ont proposé, le travail des femmes était supprimé dans l'industrie, il y aurait une véritable perte pour la société, car il se produirait une restriction dans la production ; on arriverait vite à une décroissance considérable de la richesse nationale. Si on admettait les femmes aux fonctions et aux occupations qui, jusqu'ici, ont été le privilège exclusif de l'homme, l'intérêt général en retirerait l'avantage que peut donner l'augmentation de l'influence excitante, exercée par un plus grand nombre de concurrents sur les compétiteurs, et, d'autre part, l'élargissement du champ, où le choix pourrait être fait. La société aurait une somme double d'intelligence à employer à ses services.

## Chapitre II

### Examen de quelques objections.

———

Cependant les objections sont nombreuses à l'encontre du principe : les unes sont fournies par la tradition, les autres proviennent de considérations physiologiques, d'autres reposent sur des considérations sociales.

### § Ier.

#### *Objection de la tradition.*

On invoque d'abord la tradition, et les raisons que donnèrent les anciens jurisconsultes et les théologiens.

Le droit romain, dit-on, écartait les femmes de tout ce qui est office viril ; les auteurs coutumiers reproduisaient la même exclusion ; les exemples contraires, que l'on cherche chez d'autres peuples antiques et modernes, sont des faits isolés, et qui, d'ailleurs, prouveraient la barbarie des pays auxquels on les emprunte. Les théologiens s'accordaient avec les jurisconsultes, et montraient dans l'infériorité de la femme de justes motifs de sa subordination : on conclut, modifiant pourtant quelque peu la doctrine des

pères de l'Eglise, en présence des principes par trop
évidents, dûs au progrès de la science philosophique :
la femme, sans être inférieure au point de vue intellectuel et moral, est, au moins, complètement différente de l'homme ; elle n'a ni les mêmes goûts, ni les
mêmes besoins, ni les mêmes sentiments ; elle a d'autres aptitudes, comment songer à lui confier les mêmes
fonctions qu'à l'homme ?

Or, la tradition ni l'habitude, quelque universelles
qu'elles soient, ne sauraient, ce semble, fournir aucun
argument valable en faveur des institutions qui pla-
cent la femme dans un état d'infériorité et d'exclusion
sociales. Au contraire, le monde moderne a rompu définitivement avec le passé ; il ne connait plus les
inégalités entre individus ; il n'y a plus actuellement
ni esclaves, ni serfs, ni nobles, ni roturiers ; on a
oublié le principe d'après lequel, tout individu nais-
sait à la place qu'il devait occuper toute sa vie,
enchaîné par un lien indissoluble à une position sociale fixe, retenu par la loi, et privé du droit de travailler à en sortir ; l'Europe moderne ne connait plus
l'esprit étroit des castes et des corporations, qui n'admettait à l'exercice des professions que certains individus, dans les limites et de la manière fixées par la loi.
Le principe universellement admis, est celui de la liberté et de la libre concurrence ; les individus choisis-
sent librement leur carrière ; seuls, ils sont juges du
meilleur emploi de leurs facultés pour le bien de l'ensemble. Or, la femme a droit à la liberté et à l'indépen-

dance au même titre que l'homme; on ne saurait invoquer le passé disparu pour l'écarter de telle ou telle profession, pas plus qu'on ne l'invoquerait contre tout autre individu. Les incapacités qui frapperaient les femmes, par le seul fait d'être nées filles au lieu de garçons, apparaîtraient donc comme l'unique exemple d'exclusion, qui se rencontrerait encore dans la législation, l'unique exemple, où les lois et les institutions prendraient des personnes à leur naissance, et décréteraient qu'elles ne seront jamais, durant toute leur vie, autorisées à concourir pour certaines positions.

Jamais, dans aucun cas, les professions et les fonctions sociales ne sont fermées à personne par une fatalité de naissance, que nul effort ne peut vaincre. Invoquer ici la tradition, ce serait invoquer une contradiction dans les institutions sociales modernes, une lacune unique en leur principe fondamental, vestige d'un vieux monde intellectuel et moral détruit partout; une dissonance dans l'ensemble harmonieux du progrès, « orgueil du monde moderne, qui a balayé l'une après l'autre toutes les institutions frappées du même caractère d'inégalité (1) ».

## § II.

### Objections tirées de la constitution physique.

Les Pères de l'Eglise et les théologiens du moyen âge avaient motivé l'exclusion de la femme, sur une

(1) Stuart Mill. L'Assujettissement des Femmes, p. 40-47.

différence de nature, qu'ils prétendaient exister entre
l'homme et la femme, au désavantage de celle-ci, et
dont ils trouvaient les preuves dans l'Ecriture. Les
auteurs modernes ne soutiennent plus l'infériorité morale, mais ils invoquent la constitution physique de la
femme, d'où ils déduisent, sinon une infériorité, du
moins une différence, sinon morale, au moins intellectuelle, et certainement une infériorité physique.

La constitution physique, dit-on, exclut nécessairement la femme, non seulement des emplois qui exigent
une certaine force musculaire, mais de ceux même, qui
ne demandent que de la régularité et du sang-froid
dans les fonctions.

Sans entrer dans de longs développements, pour réfu-
ter cette étrange argumentation qui, en fait, ne repose
sur rien de scientifique, on peut répondre, en ce qui touche
l'infériorité musculaire de la femme, que cette infériorité
n'est pas générale : bien des hommes des villes sont plus
faibles de corps que bon nombre de robustes villageoises.

Quant à la régularité et au sang-froid dans l'exercice des fonctions : le travail de la maternité, dit-on,
détermine des faiblesses et des défaillances, qui ren-
dent la femme, au moins pour un temps, absolument
incapable de toute occupation extérieure ; d'autre part,
en temps ordinaire, la susceptibilité nerveuse des
femmes les rend impropres à toute fonction régulière :
elles sont mobiles et changeantes, trop soumises à
l'influence du moment, incapables d'être maitresses de
leurs facultés.

Or, sur le premier point, on pourrait assimiler les femmes aux hommes d'un tempérament faible, à ceux qui ont la goutte tous les hivers ou qui s'enrhument aisément; il n'est jamais venu à l'idée de personne de retrancher ceux-ci du droit commun.

Sur le second point, il y a, semble-t-il, presque autant une question d'habitude et d'éducation que de nature: « Les femmes », dit Stuart-Mill (1), « qui dans leur jeunesse, ont partagé la salutaire éducation physique et la liberté de leurs frères, et qui n'ont manqué ni d'air pur, ni d'exercice dans le reste de leur vie, ont très rarement une susceptibilité de nerfs excessive, qui les empêche de prendre part à la vie active. » Il n'y a pas la moindre raison de douter que les femmes ne fassent les mêmes choses aussi bien que les hommes, si leur éducation était dirigée de manière à corriger les faiblesses naturelles de leur tempérament au lieu de les aggraver. En admettant même que les femmes soient généralement plus nerveuses que les hommes, il n'y aurait cependant pas là une raison péremptoire d'exclusion : les hommes d'un tempérament nerveux sont-ils donc censés impropres aux fonctions et aux occupations que les hommes remplissent d'ordinaire ? pourquoi les femmes du même tempérament le seraient-elles ? d'ailleurs l'exemple des femmes élevées à gagner leur vie, prouve suffisamment qu'elles sont aussi capables que les hommes de fournir un service régulier dans un emploi quelconque.

(1) L'Assujettissement des Femmes, p. 147 et suivantes.

La constitution physique de la femme, dit-on encore, ne diffère pas seulement de celle de l'homme, en ce qui concerne la plus ou moins grande force musculaire, sa fonction spéciale, le plus ou moins de susceptibilité nerveuse : il y a une différence plus grave, qui réagit sur l'intelligence, la différence de cerveau : le cerveau de la femme est plus petit que celui de l'homme ; la femme a sans doute de l'intelligence, mais elle a une intelligence autre que celle de l'homme.

Au point de vue purement physiologique, l'anatomie prouve, à la vérité, que le poids et le volume de l'encéphale diffèrent selon le sexe ; la capacité du crâne est généralement plus grande chez l'homme que chez la femme, le volume de l'encéphale est plus considérable chez l'homme. Mais d'abord, la plupart des savants(1) tirent de leurs études comparatives, que les variations individuelles l'emportent très notablement sur les variations sexuelles, que ces dernières s'effacent même sur les précédentes. D'autre part, on reconnaît que l'infériorité pondérale absolue du cerveau féminin, tient à la petitesse des organes en rapport avec l'encéphale ; à ce point de vue, la femme est à l'homme ce que les hommes de petite stature sont aux hommes de haute taille. De la différence de poids et de volume dans le cerveau de la femme, on ne peut donc pas conclure à une différence d'intelligence : on serait par là amené à cette autre conclusion au moins étrange :

(1) Manouvrier, cité par Frank. Op. cit., p. 79. Sappey. Anatomie descriptive. III, 3.

« un homme de haute taille serait extraordinairement supérieur par l'intelligence à un homme petit, un éléphant et une baleine devraient s'élever prodigieusement au dessus de l'humanité » (1).

Au point de vue psychologique, les philosophes sont encore loin d'avoir résolu la question de savoir quelle relation précise il y a entre le cerveau et les facultés intellectuelles, et il subsiste encore à ce sujet bien des controverses,

La relation est sans doute très étroite, le cerveau est certainement l'organe de la pensée, et il y aurait une anomalie, une exception à tout ce que l'on sait des lois générales de la vie et de l'organisation, si le volume de l'organe était tout à fait indifférent à la fonction, si un instrument plus grand ne donnait pas une plus grande puissance ; mais, ajoute Stuart-Mill, « l'exception et l'anomalie seraient tout aussi grandes, si l'organe n'exerçait son influence que par son volume » ; il faudrait probablement ajouter à la différence de quantité, une différence de qualité, en sens inverse, et la différence d'activité.

A un autre point de vue, l'égalité, et non pas seulement l'équivalence d'intelligence, semble d'ailleurs prouvée d'une façon irréfutable par les faits : il suffit d'invoquer le témoignage des statistiques scolaires ; au concours ouvert chaque année entre filles et garçons, pour l'obtention du certificat d'études primaires, les

(1) Stuart Mill. Op. cit., p. 156.

filles se maintiennent à un rang égal, et même supérieur, depuis 1875, au rang des garçons (1); or, les
études parcourues sont les mêmes, les programmes
semblables, les examens identiques.

Quant aux études supérieures, on est d'accord, dans
tous les pays où les femmes y ont été admises, pour
reconnaître qu'elles subissent les épreuves des examens, au moins avec autant de distinction que les
jeunes gens. Or, dans les professions pour l'exercice
desquelles l'intérêt général exige la constatation offi-
cielle d'une certaine aptitude, on ne demande, pour
établir la capacité de celui qui en est investi, que la
garantie du diplôme; pour les autres, tout individu
qui réussit dans la profession qui lui est ouverte,
prouve par là même qu'il est capable de la remplir.

Sur ce point encore, c'est à l'expérience et à la pratique de décider : les hommes n'ont que faire de se
substituer à la nature de peur qu'elle ne réussisse pas
à atteindre son but : « il est tout à fait superflu d'interdire aux femmes ce qu'elles seraient incapables de
faire ; la concurrence suffit pour leur défendre tout ce
qu'elles ne peuvent faire aussi bien que les hommes (2). »

(1) Frank. La Femme avocat, p. 80.

PROPORTION POUR 100 DES CERTIFICATS OBTENUS

| Années | Garçons | Filles |
|---|---|---|
| 1875 | 66,7 | 73,4 |
| 1876 | 65,7 | 68,7 |
| 1877 | 64,4 | 71,4 |
| 1879 | 65,3 | 69,7 |
| 1880 | 62,9 | 71,3 |

(2) Stuart-Mill. Op. cit., p. 64.

## § III

*Objections fondées sur des considérations sociales.*

On invoque enfin des arguments fondés sur des considérations sociales.

En admettant, dit-on, que la femme ne soit pas, de par sa constitution, inapte à remplir la plupart des fonctions sociales, au moins, en est-elle incapable, de par le rôle que la nature lui a assigné, de par la mission spéciale qui ne pouvait être confiée qu'à elle : il y a incompatibilité entre les devoirs que le rôle de mère et d'épouse impose à la femme, et ceux que la Société impose à ses fonctionnaires.

Sans doute, la femme qui se marie, choisit la direction d'un ménage et l'éducation d'une famille, comme but principal de ses efforts, pendant les années de sa vie qui seront nécessaires à l'accomplissement de cette tâche ; mais ceci n'est la situation que de celles qui, ayant suivi ce que l'on appelle leur vocation particulière, et qui ayant une famille à soigner, y trouvent, pendant le temps que cette charge porte sur elles, un emploi suffisant leur activité. Or, ce n'est pas à dire que toutes renoncent par là et pour toute leur vie, à d'autres occupations. Mais les règles générales peuvent aussi se plier aux aptitudes particulières ; les femmes douées de plus d'activité et de facultés propres à un certain genre d'occupations, pourraient, malgré le mariage, obéir à leur vocation, ayant sans doute le soin de parer aux lacunes qui pourraient se produire dans l'accomplissement de leurs fonctions ordinaires de maîtresses de maison.

D'autre part, toutes les femmes, même mariées, n'ont pas des enfants à élever, et toutes les femmes ne sont pas mariées; les statistiques constatent que d'années en années le nombre des mariages diminue ; dans tous les pays d'Europe, le nombre des femmes célibataires ou veuves l'emporte sur celui des femmes mariées : « par cent habitants, dit M. Frank (1), on rencontre une moyenne de vingt-deux femmes en âge d'avoir des enfants, dix seulement sont mariées. »

Pour celles-là, l'argument tombe, la mission spéciale de la femme, soit que celles-ci l'aient accomplie, soit que les circonstances les en aient écartées, ne peut être invoquée pour leur refuser l'exercice de fonctions qu'elles sont d'ailleurs parfaitement capables de remplir.

Un dernier argument que l'on invoque pour écarter les femmes, non plus des professions quelconques, exercées ordinairement par les hommes, mais des fonctions publiques, c'est celui que l'on tire de la cor-

---

(1) Frank. Op. cit., p. 82.

| En Suède, le nombre des mariages a diminué de | | | 1/22 en 30 ans. |
|---|---|---|---|
| En Portugal, | — | — | 1/13 en 30 ans. |
| En Russie, | — | — | 1/9 en 30 ans. |
| En Angleterre, | — | — | 1/8 en 70 ans. |
| En Hollande, | — | — | 1/6 en 36 ans. |
| En France, | — | — | 2/5 en 41 ans. |

(p. 81).

rélation existant, dit-on, entre les droits des individus
à exercer ces emplois, et leurs devoirs envers la Patrie.

Les hommes seuls, dit-on, peuvent et doivent être investis des services publics rétribués, car seuls ils fournissent le contingent militaire ; la défense de la patrie leur
incombe à eux seuls, ils donnent leur vie pour elle, ils
payent l'impôt du sang, seuls, en retour et comme par
une sorte de compensation, ils ont accès à l'honneur
et aux avantages de participer à l'administration et au
gouvernement. Les femmes, à ce point de vue, jouissent d'un privilège, exemptes par leur nature de
l'impôt le plus lourd, il est juste qu'elles n'aient pas
les mêmes droits que ceux qui payent cet impôt.

D'abord, la prétendue corrélation qu'on veut établir
entre le service militaire et les fonctions publiques,
n'existe pas toujours : il est des pays où le métier de
soldat est une profession et non une charge ; il en est
d'autres où le service militaire n'est pas obligatoire
pour tous (1) ; dans tous les pays, les hommes qui, par
suite d'exemptions, ou à raison de leur âge, ne sont pas
appelés sous les drapeaux, ne sont pas pour cela exclus
des autres services publics.

D'autre part, il n'est peut-être pas tout à fait exact
de dire que la femme ne paye pas, elle aussi, l'impôt
du sang ; sans doute, pour elle, le service militaire
n'est pas obligatoire, mais, en laissant de côté celles
que leur charité, leur dévouement, leur courage

(1) Frank. Op. cit., p. 65-66.

ou leur enthousiasme patriotique, entrainent, en temps
de guerre, sur les champs de bataille, au milieu du
danger, pour combattre l'ennemi, ou pour secourir
les blessés, il ne semble pas téméraire d'avancer,
que la majorité des femmes exposant plusieurs fois
leur vie pour perpétuer la race, elles payent l'impôt
du sang sous une autre forme. Retournant l'argument,
on dira : le prétendu privilège n'existant pas, il est
juste que les femmes aient les mêmes droits que les
hommes.

Les principes restent donc entiers : La femme est un
être conscient et moral ; une personne humaine, intelligente et douée de raison, un individu, participant à
la vie sociale, contribuant, sinon à la défense, au moins
à la conservation de la collectivité ; elle a droit au
libre développement et au libre exercice de ses facultés ;
elle a droit à la justice et à l'indépendance, elle a droit
au travail, qui est un droit naturel, et qui emporte le
droit de choisir une profession selon ses aptitudes : on
ne peut pas refuser à la femme le libre accès à toutes
les carrières.

# SECTION DEUXIÈME

## APPLICATION DES PRINCIPES DANS LA THÉORIE

---

Les principes philosophiques et sociaux qui dominent la question, ainsi que les objections qu'ils ont soulevées, ont fait l'objet d'un certain nombre de systèmes théoriques. Ceux-ci ne laissèrent sans doute pas que d'influencer le législateur dans les motifs qui dirigèrent ses innovations ou l'attardèrent en des hésitations que l'on peut qualifier de fâcheuses, et aussi l'opinion publique en ses blâmes ou en ses approbations.

Plusieurs idées se combinent et s'enchaînent à la base de chacun de ces systèmes, dont les uns développent pour ainsi dire les principes, tandis que les autres reproduisent les objections.

Les premiers procèdent de l'idée philosophique de l'unité de la personne humaine, il ajoutent l'idée de la priorité de l'individu sur la collectivité : la femme, qui est un être humain, est aussi un individu, donc c'est par rapport à elle que l'on doit décider de sa place dans l'Etat, et non par rapport à ce dernier.

Les seconds, négligeant la nature intrinsèque de la

femme, développent l'idée contraire de la priorité de l'Etat sur l'individu. Sans affirmer absolument, ce qui serait revenir en quelque sorte aux débuts de l'évolution sociale, que la vie et la prospérité de l'Etat soient le but principal de la société, que l'individu n'est qu'un élément, la matière, qui ne réalise sa forme que dans l'Etat, cependant, conservant une partie de ces principes, ils prétendent déterminer la place que doivent occuper les individus dans la société, en considérant premièrement et principalement l'avantage de l'Etat.

La femme peut être une personne humaine, on ne le conteste pas, mais différente de l'homme par sa constitution physique, ayant à raison de sa nature même, une mission spéciale à remplir, il faut lui assigner dans la société la place où elle rendra les services qu'elle seule peut rendre; dans ces systèmes tout utilitaires, on veut sans doute éviter les doubles emplois : il y a de certaines choses que la femme seule peut faire, peu importe que ces choses soient en nombre très restreint, cependant celles là seules lui seront accessibles.

Ces deux groupes de systèmes se rattachent ainsi dans leurs conclusions, les premiers aux principes progressiste chrétien et germanique qui triomphèrent dans les premiers siècles du christianisme et sous le régime féodal; les seconds au principe juif et traditionnel de l'infériorité de la femme et de sa subordination nécessaire.

# Chapitre Premier.

## Les Auteurs de la Tradition.

---

Au point de vue philosophique, leur point de départ est la Genèse; au point de vue social, leur principe est l'utilité de la collectivité dans la division des fonctions fondée sur les lois de la constitution physique des individus. Leurs conclusions sont celles des Pères de l'Eglise et des Orientaux, celles de Xénophon et d'Aristote.

J.-J. Rousseau, au seuil de la Révolution, formule sur ces principes, un système absolu, qui inspirera toutes les résistances contre le courant plus libéral de l'évolution, qui fera hésiter même les plus progressistes en leurs conclusions, et d'où procède, à part les interprètes théoriques et pratiques de l'esprit nouveau, la doctrine de la Révolution, et à sa suite le législateur de 1804.

Selon Rousseau, l'éducation des femmes doit être *relative* aux hommes; on rapproche aisément ce principe de la doctrine de saint Paul : « La femme est tirée « de l'homme, elle a été créée à cause de l'homme, « elle est par nature un accessoire de l'homme » c'est la doctrine de la *relativité* de la femme.

La femme doit rester étrangère à toute science : c'est encore la doctrine de saint Paul : « Il ne faut pas permettre à la femme d'acquérir de l'éducation et de s'instruire. » C'est l'homme qui doit instruire la femme ; celle-ci doit tout attendre de celui-là ; « l'homme est le chef de la femme comme le Christ est le chef de l'E-glise (1) » ; « l'homme connaît Dieu, la femme connaît l'homme (2) ». L'homme apprend à la femme surtout l'obéissance : « Soyez dociles à vos maris » ; « que la femme obéisse, serve et se taise. » C'est toujours la pensée des Pères de l'Eglise. J.-J. Rousseau ne tient ainsi aucun compte des enseignements de la pratique ; négligeant l'évolution des idées philosophiques au cours des siècles, il retourne aux religions de l'enfance de l'humanité, aux principes de la Grèce et de l'Orient, comme il voudrait effacer toute civilisation pour reve-nir à l'état de nature.

M^me Roland, tout inspirée de Rousseau, dit aussi après lui : « Je crois, je ne dirai pas mieux qu'aucune femme mais autant qu'aucun homme, à la supériorité de votre sexe à tous égards ; vous avez la force d'a-bord, et tout ce qui y tient et en résulte, le courage, la persévérance, les grandes vues et les grands talents... gouvernez le monde, changez la face du globe, soyez fiers, habiles, savants, vous êtes tout cela *sans nous* et par cela même vous *devez nous dominer* (3). »

(1) Saint-Paul.
(2) Saint-Pierre.
(3) G. Breuillac. De la Cond. civ. et civique des Femmes, p. 46.

Sous l'influence des mêmes idées, la plupart des hommes de la Révolution refusent nettement aux femmes toute participation aux affaires et aux emplois publics : « Quoi ! » s'écrie Chaumette (1), « des êtres *dégradés* qui veulent franchir et violer les lois de la nature, entreront dans les lieux commis à la garde des citoyens !..... La nature a dit à la femme, sois femme ! les soins dûs à l'enfance, les détails du ménage, les douces inquiétudes de la maternité, voilà tes travaux. »

Dans le même sens, Amar, au sein de la Convention (2), déclare que les femmes n'ont ni la force morale, ni la force physique qu'exige la participation aux affaires publiques. « Ce sont des fonctions trop pénibles pour elles, et qu'elles ne peuvent pas remplir, à cause de la différence de force et de conformation, par conséquent de destination » ; de plus, « l'opinion universelle repousse cette idée : la pudeur des femmes ne leur permet pas de se montrer en public : chez les anciens peuples, leur timidité naturelle leur défendait de paraître hors de la famille. »

Les mêmes principes inspirent les systèmes plus récents de Michelet et de Proudhon : pour le premier

---

(1) Discours contre Rose Lacombe, fondatrice du club de la Société des Femmes révolutionnaires, qui avait forcé l'entrée de la séance du Conseil général de la Commune, le 28 brum. 1793. (V. Le Faure. Socialisme pendant la Rév. fr., p. 160.

(2) Discours contre la Société des Femmes révolutionnaires. (V. Le Faure. op. cit.), p. 163 et suiv.)

comme pour le second, la femme est une « inférieure par nature qui n'acquiert quelque valeur que par ses rapports avec l'homme. »

D'après Michelet, la femme est un être de nature absolument opposée à celle de l'homme : physiquement, c'est une créature faible, toujours malade, « l'éternelle blessée » ; intellectuellement, elle est incapable d'abstraire et de généraliser ; incapable de comprendre les œuvres de science, elle n'aime pas à s'occuper d'affaires, elle est dépourvue du sens juridique. Elle est créée pour l'homme ; si elle est quelque chose, ce n'est que par lui ; l'homme la fait à son image comme Dieu a fait l'homme à la sienne. Il faut que la femme se subordonne à l'homme, elle lui appartient comme l'œuvre à l'ouvrier (1).

D'après Proudhon, la femme n'est également qu'une *réceptivité ;* recevant tout de l'homme, elle ne peut aller de pair avec lui ; elle ne peut rien être dans la société que la compagne obéissante de l'homme : dépourvue d'initiative, on ne saurait lui confier aucune fonction (2).

Les disciples de Rousseau s'accordent ainsi pour affirmer l'infériorité de la femme et sa subordination nécessaire : rien en elle-meme, elle ne saurait exister en dehors du mariage, sa place unique dans la société est celle d'épouse et de mère.

(1) M^me Jenny d'Héricourt. La Femme affranchie, T. I, p. 91 et suiv.

(2). Proudhon. La Justice dans la Révolution et dans l'Église. Onzième étude, ch. 1.

Cependant, le germanisme, bien que refoulé par l'esprit de la tradition, et presque oublié sous l'action du judaïsme, ne fut pas sans laisser quelque trace de son enthousiasme mystique pour la nature de la femme qu'il croyait surnaturelle : son influence s'imposa même dans les systèmes les plus fidèles à la tradition ; mais il dut se combiner avec les principes juifs et orientaux : ceci devait sans doute donner un mélange contradictoire en sa complexité : on introduisit des distinctions : la femme était physiquement différente de l'homme, on voulait maintenir la différence, aussi au moral ; on divisa les facultés humaines : à l'homme on assigna les unes, à la femme, les autres ; au point de vue des facultés qui ne lui avaient pas été spécialement assignées, la femme fut déclarée inférieure ; mais *supérieure* quant aux autres, elle posséda ces qualités au plus haut degré de perfection : ainsi tous les disciples de Rousseau attribuent à la femme le don quasi-divin de calmer la violence des passions, d'adoucir les maux de l'humanité, de donner un plus grand prix à la pratique de la vertu.

M^me Roland écrit à Bosc d'Antec : « Sans nous, vous ne seriez ni vertueux ni aimants, ni aimables, ni heureux : gardez la gloire de l'autorité dans tous les genres, nous ne voulons d'empire que par les mœurs et de trônes que dans vos cœurs (1). »

(1) Lettre du 29 Juillet 1784. Dauban. Etudes sur M^me Roland et son temps.

Chaumette, en son discours (1) contre Rose Lacombe, s'écrie : « Tu seras la divinité du sanctuaire domestique, tu régneras sur ce qui t'entoure, par le charme invincible de ta beauté, des grâces et de la vertu ; femmes imprudentes qui voulez devenir des hommes ! au nom de la nature, restez ce que vous êtes ; contentez-vous de nous faire oublier les périls d'une vie orageuse, au sein de nos familles, en reposant nos yeux sur le spectacle enchanteur de nos enfants heureux par vos tendres soins ».

Amar, contre la même Rose Lacombe, reconnaît « que les femmes sont faites pour adoucir les mœurs de l'homme, et non pour discuter avec lui au barreau ou à la tribune (2) ».

L'influence du germanisme se retrouve plus marquée encore dans l'œuvre de Michelet ; la femme, d'après lui, révèle dans le domaine de la douceur, du charme et du dévouement une nature quasi divine : « la femme n'est pas seulement notre égale, dit-il, mais en *bien des points supérieure* (3). » Auprès d'elle seule, l'homme puise la force nécessaire à l'accomplissement de sa haute mission de travailleur ; « la femme est la flamme d'amour et la flamme du foyer, une religion, une harmonie, une poésie, la vestale du foyer domes-

(1) A. Le Faure. Loc. cit.

(2) A. Le Faure. Loc. cit.

(3) Michelet. L'Amour, cité par M^me Jenny d'Héricourt, op cit., I, 91, s.

tique ». ..... C'est à sa grâce qu'est due la civilisation (1).

Proudhon lui-même n'échappe pas à l'influence de l'idée germanique ; il établit que la femme vivant en société et subissant l'influence de l'homme devient « l'idéalisation de celui-ci, dans ce qu'il y a de plus sublime et de plus pur (2) ». Proudhon s'accorde avec Michelet pour reconnaître que la femme est la source de toute civilisation et de toute vertu.

La combinaison des deux principes contraires trouve enfin son expression la plus parfaite dans un système curieux, celui d'Auguste Comte : d'après celui-ci, la principale cause de la nécessité de la subordination, est pour la femme dans une certaine supériorité : La femme est la providence morale et la gardienne des mœurs ; à ce titre elle s'élève bien au dessus de l'homme ; mais pour occuper cette place élevée, elle doit rester isolée de toute vie extérieure, par suite, être soumise à l'homme. Il faut à la femme conserver toute la pureté et la supériorité nécessaires à l'accomplissement de sa haute mission ; dans ce but on doit la préserver de tout travail, lui interdire toutes fonctions économiques ou sociales : « autrement c'en serait fait de sa grandeur morale ; elles se trouveraient ainsi assujetties dans la plupart des carrières à une active concurrence journalière qu'elles ne pourraient soutenir,

(1) Michelet. Loc. cit.
(2) Proudhon. La Justice dans la Révolution, loc. cit.

en même temps que la rivalité pratique corromprait les principales sources de l'affection mutuelle...l'homme doit nourrir la femme, telle est la loi naturelle de notre espèce (1). » — « Une saine appréciation de l'ordre universel, dit-il ailleurs, fera comprendre au sexe affectif combien la soumission importe à sa dignité. »

Le germanisme, subsistant au-dessus de la tradition juive, conduit ainsi les partisans de la doctrine de l'infériorité et de la subordination nécessaire à des conclusions presque contradictoires : On argumente de l'infériorité physique et intellectuelle de la femme pour lui assigner un rôle secondaire et subordonné dans la société ; mais presque aussitôt, on la proclame supérieure moralement, et meilleure que l'homme ; pour éviter la contradiction, on ajoute alors la supériorité, afin d'affermir encore la subordination.

De tels systèmes, expression de l'illogisme auquel devait fatalement aboutir la fusion de principes directement opposés, ne pouvaient faire triompher la tradition sérieusement attaquée par les raisonnements d'équité des auteurs progressistes ; c'est à ceux-ci qu'il était réservé de gagner l'opinion publique à des combinaisons plus logiques, et répondant mieux au progrès général accompli dans l'ensemble des institutions modernes.

––––––––

(1) A. Comte. Politique positive, 1.

## Chapitre II.

### Les Auteurs Progressistes.

———

Le germanisme qui s'impose même dans les systèmes de la tradition, sans en modifier absolument les conclusions, arrive cependant à leur donner en leur valeur intrinsèque un sens différent ; il triomphe, chez les philosophes qui tiennent compte de l'évolution accomplie, et y voient une loi métaphysique nécessaire, la loi de la tendance éternelle au meilleur, de l'élévation graduelle et progressive au degré supérieur, caractérisé par le plus de justice et d'équité, par une plus grande harmonie entre les divers éléments et dans les rapports sociaux.

Tous s'accordent pour démontrer métaphysiquement l'égalité des deux sexes ; tous reconnaissent qu'il n'existe aucune bonne raison pour assujettir l'un à l'autre, pour refuser aux femmes les droits que l'on donne aux hommes.

A Rousseau et à ses disciples de la Révolution, Condorcet oppose que les femmes, ayant au même degré que les hommes, « la qualité d'êtres sensibles, susceptibles d'acquérir des idées morales, et de raisonner sur ces idées, elles doivent nécessairement avoir des droits égaux (1) ». Ayant admis le principe équitable du germanisme, le principe logique de la philosophie, il en affirme les conséquences : « ou aucun individu de l'espèce humaine n'a de véritables droits, dit-il, ou tous ont les mêmes ». Il y a une contradiction dans l'œuvre de la Révolution si on oublie les femmes dans l'émancipation générale : « ce principe de l'égalité des droits qu'on vient de proclamer, ne l'a-t-on pas violé aussitôt, en privant la moitié du genre humain des bénéfices de cette égalité ? » Etant admis la qualité d'être humain chez la femme au même degré que chez l'homme, on ne peut invoquer pour l'exclure de la cité que sa constitution, ou son incapacité intellectuelle ; or, sa constitution physique l'assimile, au plus, aux hommes maladifs et faibles de tempérament ; quant à sa moindre connaissance actuelle des affaires, elle est la suite nécessaire de l'éducation ; et en admettant même une supériorité d'esprit chez quelques hommes, l'égalité resterait entière entre les femmes et le reste des hommes : « Cette classe d'hommes très éclairés mise à part, l'infériorité et la supériorité se partagent également entre les deux sexes. Or, puisqu'il serait complètement absurde de borner à cette classe supérieure le droit de cité et la capacité d'être chargée de fonctions publiques, pourquoi en exclurait-on les

(1) Condorcet. Sur l'admission des femmes au droit de cité, 1790. Revue de la Révolution française. (Janvier-Juin, 1882). M. Aug. Dide.

femmes plutôt que ceux des hommes qui sont inférieurs
à un grand nombre de femmes ? (1) »

A une époque plus récente, le Saint-Simonisme et
le communisme font de l'égalité des deux sexes un article de foi. Enfantin, dans la « Religion Saint-Simon-
nienne », pose le principe de l'égalité de l'homme et de
la femme ; dans son « Appel à la femme (2) » il
annonce au nom de Saint-Simon, à l'homme et à
la femme, leur égalité morale, sociale et religieuse ; de
même, la doctrine du Père Bazard dit expressément
que l'homme et la femme doivent être placés sur le
même rang, qu'ils doivent partager toutes les fonctions
sociales et religieuses, associer leurs forces et leurs capacités dans le temple et la cité, comme dans la
famille.

Pierre Leroux, à la suite des disciples immédiats de
Saint-Simon, déclare qu'il n'y a pas deux êtres différents, l'homme et la femme, mais « un seul être humain
sous deux faces (3) », « il y a, dit-il, des êtres humains
d'origine commune et de facultés semblables ; l'homme
est dans tous les moments de sa vie sensation, sentiment, connaissance, la femme aussi, la définition est
donc la même. Les femmes se manifestent comme
personnes humaines et doivent se ranger comme

---

(1) Lettres d'un bourgeois de New-Haven à un citoyen de
Virginie. A. Le Faure. Op. cit., p. 154 et suiv.

(2) Entretien du 7 déc. 1838.

(3) Encyclopédie nouvelle, v. 4, Égalité.

l'homme sous les diverses catégories de la société civile. La cause des femmes, dit encore P. Leroux, se lie au progrès général du genre humain : « Elles sont les égales des hommes, parce qu'il n'y a plus ni esclaves, ni serfs ; « abolissez les castes qui subsistent « encore, abolissez la caste où vous tenez enfermée la « moitié du genre humain ; ouvrez aux femmes l'accès « à toutes les carrières, et nos arts, nos sciences, nos « industries feront autant de progrès nouveaux qu'ils « en ont fait il y a quelques siècles, quand les serfs y « ont été appelés (1). »

Fourrier et les communistes modernes tirent les mêmes conclusions des mêmes principes ; M. Pecqueur, dans la « République de Dieu », pose en principe l'égalité complète de l'homme et de la femme : « Dans « le milieu créé par la religion de fraternité et d'éga- « lité, dit-il, les femmes trouveront, dès leurs jeunes « années, les mêmes moyens et les mêmes conditions « de développement, de fonctions et de rémunérations, « enfin les mêmes droits, le même but social à pour- « suivre que les hommes ; et à mesure que les mœurs « correspondront aux fins religieuses et morales, la loi « vivante déduira les conséquences pratiques de tout « ordre contenu en germe dans le dogme de l'égalité « complète des sexes (2). »

Fourrier, dans la « Théorie des quatre mouvements »,

_____

(1) Cité par Mᵐᵉ Jenny d'Héricourt. Op. cit., I, p. 30 et suiv.
(1) Mᵐᵉ J. d'Her. Op. cit., I, 20.

déclare que l'homme et la femme se composant des mêmes éléments physiques intellectuels et moraux, il y a entre les sexes. identité de nature ; comme conséquence : les deux ont les mêmes droits et exercent les mêmes fonctions : « Tout sera réglé par les chefs des deux sexes, toutes les charges seront conjointement remplies par un homme et une femme qui diviseront entre eux les détails de leur commune fonction (1). »

Entre les deux camps adverses, et comme tenant le milieu entre la tradition et le progrès, obéissant à l'impulsion du mouvement en avant, sans vouloir se détacher complètement des principes traditionnels, M. Legouvé, dans son « Histoire morale des femmes », et M. Pelletan, dans son livre de « La Mère », présentent la question sous un point de vue immédiatement pratique, et y apportent une solution transitoire, dont la modération et la justesse eurent l'avantage de ramener à la cause qu'ils défendaient, ceux qui, sans y être absolument opposés, se seraient cependant montrés ennemis de changements trop brusques, de réformes rompant trop ouvertement avec ce que la tradition les avait accoutumés à considérer comme le droit. MM. Legouvé et Pelletan s'appuient sur les principes philosophiques comme Condorcet et ses successeurs ; mais, au lieu de demander tout ce qu'ils croient juste, ils se contentent,

---

(1) J. d'Her. Op. cit., I, 44 et suiv.

quant à présent, de ne proposer que ce qui leur parait mûr et possible.

M. Legouvé part des mêmes principes que Condorcet, que Saint-Simon et Fourrier : « Dieu, dit-il, a créé l'espèce humaine double, nous n'en utilisons que la moitié ; la nature dit deux, nous disons un, il faut dire comme la nature... : nous ne pouvons pas, continue-t-il, confisquer une force créée par Dieu, éteindre un flambeau allumé de sa main ; ouvrons à larges portes l'entrée du monde à cet élément nouveau, nous en avons besoin. » M. Legouvé se rattache encore aux philosophes progressistes par son opposition contre la tradition pure et simple : « Que nous importe l'histoire (1), s'écrie-t-il, il est une autorité plus forte que le consentement du genre humain, c'est le droit. Quand mille autres siècles de servitude viendraient s'ajouter à tous ceux qui sont déjà passés, leur accord ne pourrait abolir le droit primordial qui domine tout, le droit absolu de perfectionnement que chaque être a reçu par cela seul qu'il a été créé (2). »

Mais il s'efforce en même temps de chercher un moyen terme entre la tradition qui serait un retour en arrière, et le progrès qui semblerait une révolution : il le trouve dans la combinaison du progrès et de la tradition, de la différence et de l'égalité ; d'après lui

----

(1) Il faut, a dit quelqu'un, demander à l'histoire non des exemples, mais des enseignements.

(2) Hist. mor. des femmes.

on peut progresser sans sortir de la tradition, on peut
améliorer la situation de la femme et lui donner une
position plus indépendante dans la Société, en maintenant une différence entre elle et l'homme : « si le
royaume de la femme est dans le ménage, dit-il, qu'elle
y soit reine, et qu'elle y ait toute autorité ; si on veut
lui donner un rôle dans l'Etat, c'est dans la dissem-
blance qu'il convient de le chercher ; la mission des
femmes sera de faire ce que les hommes ne font pas,
d'aspirer aux places vides, de représenter dans la cité,
l'esprit de la femme. »

Le premier point à réformer dans la question, et qui
sert comme de base à tout le système, c'est l'éducation ;
le progrès, au nom de la justice, réclame et impose
une modification en faveur d'une éducation plus sérieuse des filles : « Comme créature de Dieu, la femme
a droit au développement le plus complet de son esprit ; au nom de l'Eternité, on lui doit la lumière. »
On peut aussi invoquer la tradition et l'associer au
progrès : la place de la femme est avant tout dans la
famille, or, c'est au nom de la famille, au nom de la
maternité et du mariage qu'il faut réclamer pour les
filles une forte et sérieuse éducation : « Sans savoir,
pas de mère complètement mère ; sans savoir, pas
d'épouse vraiment épouse..., il s'agit de tremper vigou-
reusement la pensée des femmes par le commerce de
la science..., l'ignorance amène mille défauts, mille éga-
rements pour l'épouse » ; M. Legouvé demande « l'édu-
« cation publique pour les filles dans des Athénées

« qui, par un enseignement approfondi de la France
« de ses lois, de ses annales et de sa poésie, feront des
« femmes, des Françaises (1). »

Il ne suffit pas de donner aux femmes une éducation solide ; il faut encore les mettre à l'abri du
besoin ; pour cela, il faut donner à celles qui sont
employées dans les manufactures et dans les industries,
un salaire au moins égal à celui des hommes, il faut,
en outre, ouvrir à toutes, l'accès des carrières qu'elles
peuvent parcourir avec succès. M. Legouvé continue
la tradition en admettant que la première tâche de la
femme est le gouvernement de l'intérieur, l'éducation
des enfants et la consolation du mari dont elle doit
être l'inspiratrice ; il la complète par le progrès, en
reconnaissant que les femmes ont une fonction accessoire à joindre à la première : à côté de cette carrière
d'utilité cachée et de dévouement modeste, il faut que
la femme puisse en parcourir une autre plus directement et plus pratiquement utile, il faut qu'elle puisse
exercer une profession pour concourir à l'entretien du
ménage : « Les femmes pourront exercer accessoirement leur activité et leur intelligence dans l'art, la lit-
littérature, l'enseignement, l'administration, la médecine (2). » La profession de médecin de femmes
doit même, d'après M. Legouvé, être toujours exercée
par des femmes : « La pudeur exige qu'on appelle des

---

(1) Cité par Mᵐᵉ Jenny d'Héricourt. Op. cit., 1, 63.
(1) Hist. mor. des Femmes, Livre V, ch. III.

femmes comme médecins auprès des femmes;.... les maladies nerveuses, surtout, trouveraient dans le génie féminin le seul adversaire qui puisse les saisir et les combattre (1). » Quant à la participation directe à la vie sociale, il demande que les femmes aient l'administration des prisons de femmes, des hospices, des bureaux de bienfaisance, la tutelle légale des enfants trouvés et le maniement de tout ce qui concerne la charité sociale, parce que, dit-il, « elles s'en acquitteront infiniment mieux que les hommes (2). »

Acceptant l'évolution accomplie, et prévoyant qu'elle n'a pas encore atteint son degré final, s'efforçant de relier le progrès à la tradition en ménageant les transitions, cherchant à faire triompher le principe de la justice et de l'égalité en respectant la différence admise, M. Legouvé demande donc, quant à présent et comme pour préparer dans l'avenir l'avènement complet à la vie sociale de la femme, personne humaine et membre actif de la cité, la réforme de l'éducation d'abord, puis l'admission à toutes les professions privées, enfin l'admission, dans les limites des qualités et des devoirs actuels des femmes, à certaines professions sociales.

M. Pelletan, parti des mêmes principes, arrive aux mêmes conclusions : « La femme », dit-il, « peut exercer une profession pour entretenir son ménage. »

(1) Loc. cit.
(2) Hist. mor. des Femmes, livre V, ch. v.

Dès ce moment, elle a un intérêt dans l'Etat, et, par
conséquent, le droit d'intervenir dans la gestion de
l'Etat ; prévoyant le degré supérieur dans l'évolution
que réserve l'avenir, il ajoute : « Il faudra un jour ou
l'autre l'élever au rang de citoyen, et habituer nos
oreilles au mot de citoyenne (1).

Depuis Saint-Simon et le communisme, depuis
MM. Pelletan et Legouvé, le temps a continué à mar-
cher, une partie des progrès annoncés s'est réalisée ;
la capacité de fait dont les femmes font preuve de jour
en jour, postule la capacité de droit, les auteurs con-
temporains demandent maintenant la mise en pratique plus étroite et plus stricte des principes posés
dans la première moitié du siècle ; la question leur
paraît mûre aujourd'hui, on ne se contente plus de
demander ce qu'il semble impossible de refuser, on
réclame l'application en fait de l'égalité proclamée en
théorie : Pour ne citer que quelques noms, les plus
connus, Stuart-Mill, en Angleterre, a réclamé, au nom
de la justice et au nom de l'intérêt de la société, « l'ad-
« missibilité des femmes aux fonctions et aux occupa-
« tions qui jusqu'ici ont fait le privilège exclusif du
« sexe fort » (2). Au nom de la justice, car, « s'il est
une injustice suprême, c'est d'exclure la moitié de la
race humaine du plus grand nombre des occupations

(1) La Mère, p. 32.
(2) L'Assujettissement des Femmes, ch. III, trad. Cazelles,
p. 119.

lucratives et de presque toutes les fonctions élevées » ;
au nom de l'intérêt de la société, car s'il est un dom-
mage pour celle-ci, « c'est de ne pas permettre aux
femmes de concourir avec les hommes pour l'exercice
de toutes les fonctions sociales ; souvent ces fonctions
sont occupées par des hommes bien moins propres à
les remplir que beaucoup de femmes, la société n'a
pas à disposer d'un tel nombre d'hommes propres
aux hautes fonctions, qu'elle soit en droit de rejeter
les services d'une personne compétente (1) ».

Au nom des mêmes principes, en France, M. Léon Richer (2) demande que la femme puisse exercer toutes
les professions privées et sociales, que toutes les carrières s'ouvrent devant elles, comme elles s'ouvrent
devant les hommes.

M. Secrétan, en Suisse (3), demande que la femme étant
appelée à pourvoir elle-même à sa subsistance, toutes
les professions lui soient accessibles, y compris les
professions libérales et les emplois publics ; « successivement, » dit-il, « plusieurs portes autrefois fermées se
sont ouvertes ou entr'ouvertes, la justice veut qu'elles
le soient toutes. »

Dans la théorie du XIXᵉ siècle, on retrouve ainsi une

(1) Op. cit., ch. III, p. 123.
(2) La Femme libre, notamment ch. VII.
(3) La Femme et le Droit. *Revue philosophique*, 1885.

évolution inverse des deux principes dont la lutte avait empli le moyen âge ; l'esprit de la tradition triomphant à la veille de 1789, vainqueur le plus souvent, mais perdant chaque jour du terrain pendant la première moitié du siècle ; l'esprit du progrès abattu dans les premiers combats, mais se relevant plus fort après la défaite, prépare en des transactions habilement ménagées, un triomphe d'autant plus sûr et durable qu'il sera l'œuvre des deux partis.

Il arriva dans les faits une évolution parallèle.

# SECTION TROISIÈME

---

Le souffle de la Révolution, qui fit éclore les germes d'égalité et de liberté, déposés au sein des sociétés barbares par le christianisme et le germanisme, apporta en même temps, dans la question de la situation de la femme, des semences de réformes, qui ne devaient à leur tour porter de fruits qu'au cours du siècle suivant.

Tandis que l'abolition de l'esclavage, la situation de plus en plus douce faite aux serfs, les affranchissements en bloc, se succédant en nombre multiple, avaient pour ainsi dire, préparé les voies, en sorte que 1789 ne faisait que confirmer ce qui existait déjà, proclamer état de droit ce qui était état de fait, la situation de la femme avait été, à l'inverse, constamment soumise, depuis les premiers siècles du christianisme jusqu'au xviii° siècle, à des restrictions toujours plus rigoureuses : à la différence de ce qui se produisit dans la situation des anciens es-

claves et colons romains, et des hommes du tiers
état, les femmes perdirent peu à peu toutes les conquêtes qu'elles devaient à l'évolution romaine, et devant l'esprit d'opposition dû au judaïsme et à la renaissance, elles ne purent atteindre celles que semblait
leur avoir réservées l'évolution chrétienne. Tout
était retombé aux débuts : 1789, en achevant,
pour le tiers état l'évolution élaborée au moyen âge
sur les bases du christianisme, posa, dans la question des femmes, le premier terme de l'évolution nouvelle.

Le mouvement sur ce point, fut comme une longue
tentative de mise en acte des principes développés par
les philosophes progressistes ; les résistances auxquelles il se heurta d'abord, et qu'il ne parvint à sur-
monter que peu à peu, et par une lutte opiniâtre, furent
le résultat des inspirations dues aux philosophes de la
tradition.

Les premières réclamations semblèrent d'abord
n'avoir pas été entendues, et n'amenèrent de fait,
aucun changement immédiat dans la pratique ; le législateur de 1804 donna même à la question une solution
tout en harmonie avec la tradition ; néanmoins elles
trouvèrent un écho dans de bons esprits qui, par une
conciliation habile des prétentions extrêmes, amenèrent
même les plus opposés à l'idée d'un essai de réformes
au moins modérées. On suivit alors le double courant
des systèmes théoriques : on tint compte à la fois des
principes posés par l'esprit du progrès et des objec-

tions soulevées par l'esprit de la tradition ; sans obéir complètement ni à l'une ni à l'autre des deux impulsions contraires, on s'efforça de donner satisfaction aux principes sans négliger les objections ; on prépara la transition, peut être nécessaire, entre le vieil état de choses qui eût été en contradiction avec les mœurs générales actuelles, et la situation à venir qui, sans doute, demandait plus de maturité dans les esprits et dans les institutions, pour donner des résultats pratiques satisfaisants.

Chapitre Premier

**Réclamations en fait.**

La situation des femmes, à la veille de 1789, affirmait le triomphe de l'idée traditionnelle d'infériorité et de subordination nécessaire : riches ou pauvres, elles étaient également écartées de toute vie sociale, également privées de tout moyen de cultiver leur intelligence : celles qui devaient pourvoir à leurs besoins par le travail, étaient dès lors dans l'impossibilité de

le faire, d'abord, par suite de leur ignorance de tout
métier demandant quelques connaissances techniques,
d'un autre côté, par l'exclusion dont elles étaient frappées, de presque tous les métiers et professions qu'elles
auraient pu cependant exercer malgré leur manque
absolu d'instruction.

L'édit de février 1776, ouvrant à « *toute personne* »
un libre accès au commerce et aux professions d'arts
et de métiers, n'avait pas suffi à rendre la situation des femmes moins déplorable ; des réformes plus
radicales et plus profondes étaient en outre nécessaires ; il fallait, avant tout, relever les femmes de
l'ignorance où elles étaient tombées, et qui continuait à les écarter de toutes professions, comme sous
l'empire des précédentes règles prohibitives.

Les premières réclamations portèrent sur l'éducation : C'est à l'éducation vicieuse que reçoit la femme,
qu'il convient avant tout d'attribuer sa triste position.
Les femmes protestent donc d'abord contre l'ignorance
qui est la première cause de leur dépendance. Les
documents sur ce point sont curieux : une pétition
adressée par les *femmes* du tiers état au Roi, retrace
« la très négligée ou très vicieuse » éducation que
reçoivent celles-ci : « elle consiste à les envoyer à
« l'école chez un maître qui lui-même ne sait pas le
« premier mot de la langue qu'il enseigne ; elles con-
« tinuent d'y aller jusqu'à ce qu'elles sachent lire l'of-
« fice de la messe en français et les vêpres en latin ; les
« premiers devoirs de la religion remplis, on leur

« apprend à travailler ; parvenues à l'âge de 15 ou
« 16 ans, elles peuvent gagner cinq ou six sous par
« jour (1). »

Une autre pièce (2) contient la réclamation d'une
éducation moins dérisoire : « Vous qui allez devenir
« les arbitres du bien et du mal, occupez-vous de chan-
« ger les règles de notre éducation....., ne nous
« privez pas des connaissances qui peuvent nous mettre
« à même de vous aider soit par nos conseils, soit par
« nos travaux. » Dans d'autres documents, les femmes
vont jusqu'à réclamer une éducation égale à celle des
hommes. Une dame hollandaise, mais française par le
patriotisme », dit l'orateur du peuple (3), M<sup>me</sup> Etta
Palme d'Aelders s'écrie pleine d'enthousiasme : « et si
« le dévouement à l'étude, si le zèle du patriotisme, si
« la vertu même, qui s'appuie si souvent sur l'amour
« de la gloire, nous sont naturels comme à vous,
« pourquoi ne nous donnerait-on pas la *même* éduca-
« tion et les mêmes moyens pour les acquérir (4? »
Dans le même esprit elle rédigea une « adresse des

(1) A. Le Faure. Le Socialisme pendant la Révolution, p. 120.

(2) Cahier des doléances et réclamations des Femmes, 1789,
in-8°, $\frac{|39}{1,593}$

(3) L'Orateur du peuple, par Martel, in-8°, n° 46, $\frac{|2}{390}$c

(4) Appel aux Françaises, par E.-P. d'Aelders, p. 5. Discours
sur l'injustice des Lois en faveur des hommes au dépens des
femmes, lu à l'assemblée fédérative des Amis de la Vérité, le
30 déc. 1790, par M<sup>me</sup> E. P. d'Aelders.

citoyennes françaises à l'Assemblée nationale (1) » où elle flétrit « l'éducation fade et énervée des cloîtres, repaires d'ignorance et de fanatisme » et qu'elle termine en disant : « Vous achèverez votre ouvrage en accordant aux filles une éducation morale *égale* à celle de leurs frères... car l'écucation est à l'âme ce que la rosée est aux plantes... » Elle termine de même une autre « adresse de la Société des Amies de la vérité » : « Il faut donner aux filles, l'éducation nécessaire pour leur faire trouver des ressources contre l'indigence dans des travaux honnêtes (2). »

Les femmes ne se bornèrent pas à réclamer une meilleure éducation ; elles demandèrent ensuite, que les métiers ne nécessitant aucune instruction leur fussent *réservés ;* dans la pétition qu'elles adressent au Roi (3), les femmes du tiers-état demandent « que les hommes ne puissent exercer, sous aucun prétexte, les métiers qui sont l'apanage des femmes, soit couturières, brodeuses, marchandes de modes ; qu'on leur laisse au moins l'aiguille et le fuseau... » Dans la même pétition, elles demandent « qu'on leur fournisse les moyens de faire valoir les talents dont la nature les a pourvues, malgré les entraves que l'on ne cesse de mettre à leur éducation ».

(1) Appel aux Françaises, op. cit., p. 40.
(2) Id., ibid., p. 45.
(3) Pétition des femmes du tiers état au Roi. (S. l.), 1789. in-8o, pièce), $\llcorner \frac{39}{920}$ 6

Dans des motions adressées à l'Assemblée nationale, elles vont bientôt plus loin, et réclament purement et simplement le « droit au travail. » (1) « Le travail peut seul remédier aux maux sans nombre qui accablent les femmes et les forcent à se vendre pour échapper à la faim ; la Providence, en créant la femme, n'a donné à l'homme qu'une compagne pour coopérer avec lui ; cette idée de compagne et de coopérateur commun renferme celle d'une égalité parfaite. »

Ceci préparait les réclamations plus entières, présentées dans une requête des Dames à l'Assemblée nationale (2) et qui se terminait par un projet de loi, portant l'égale admissibilité des femmes et des hommes, à toutes les fonctions sociales (3). Une autre brochure datée de 1791, et adressée à la Reine, par Olympe de Gouges, sous le titre de « déclaration des droits de la femme (4) » contient des dispositions analogues : « toutes les citoyennes, y est-il dit, et tous les citoyens doivent être également admissibles à toutes les digni-

---

(1) A. Le Faure. Op. cit., p. 122.

(2) Requête des dames à l'Ass. nat. (S. l. n. d.), in-8°, $\frac{39\ b}{2.963}$.

(3) Art. 8. « Les femmes pourront aussi être promues aux offices de magistrature. »

Art. 9. « Il en sera de même de tous les emplois, récompenses et dignités militaires. »

Art. 10. « La femme pourra aussi remplir des fonctions sacerdotales. (A. Le Faure. Loc. cit., p. 139).

(4) A. Le Faure. Op. cit., p. 145.

tés, places et emplois publics selon leurs capacités, et sans autre distinction que celle de leurs vertus et de leurs talents.

En même temps que les femmes réclamaient pour l'avenir, conformément au principe posé par Condorcet et ses disciples, la réforme de l'éducation, le droit au travail et l'égale admissibilité à toutes les fonctions sociales, quelques-unes proposèrent de transférer immédiatement aux mains des femmes, les places de surveillance et d'administration dans les institutions de charité et de secours aux indigents : « Ne serait-il pas juste, » lit-on dans une motion adressée à l'Assemblée nationale (1), « de réserver pour les femmes toute espèce de bureaux de distributions et tous emplois quelconques qui seraient à leur portée ? » — M^{me} Etta Palm d'Aelders (2) avait proposé dans le même sens, de former des cercles de citoyennes, qui auraient été chargées de surveiller les établissements de nourrices, l'éducation publique donnée dans les écoles de charité, et la distribution des secours aux indigents.

Les femmes de la Révolution, pour appuyer leurs

(1) A. Le Faure. Op. cit., p. 126. Motions adressées à l'Ass. nat. en faveur du sexe. (S. l.), 1789, in-8°, $\frac{39}{2,410}$ b

(2) Appel aux Françaises. Op. cit., p. 26 sq. Lettre sur les démarches des ennemis extérieurs et intérieurs de la France, suivie d'une adresse à toutes les citoyennes patriotes et d'une motion à leur proposer pour l'Ass. nat., lue à l'ass. féd. des Amis de la Vérité, le 25 mars 1791.

réclamations et les fortifier par le nombre, avaient
en même temps formé des clubs et des sociétés de
propagande, destinés à recruter des adhérents, et à
propager l'idée de l'égalité des sexes, non seulement
au point de vue purement économique des professions
privées, et au point de vue social des fonctions publiques, mais aussi au point de vue des droits politiques.

Ces dernières réclamations étaient sans doute pré-
maturées, et devaient entraîner l'échec ou le retard dans
le succès des premières. Les théories traditionnelles de
J.-J. Rousseau comptaient de trop nombreux partisans;
sur ce point, les femmes de la Révolution, ne sachant
dompter une légitime impatience, à sortir de la longue
sujétion imposée à leur sexe au cours des siècles, et
enivrées du désir de participer complètement, elles
aussi, à cette liberté, à cette égalité de droits dont on
célébrait l'avènement par toute la France, commirent
une grave imprudence, en accumulant réclamations
sur réclamations, en ne ménageant pas les transitions,
en ne se bornant pas d'abord aux points les plus modestes et les plus urgents.

L'Assemblée nationale ajourna la prise en considération de leurs pétitions; la Convention décréta la
suppression des clubs et sociétés de femmes, quelles
que fussent leurs dénominations, on leur défendit
tout rassemblement.　　•

Cependant, les tentatives d'émancipation n'avaient
pas été, par là, à jamais étouffées; après ce premier

échec, les femmes condamnées au silence pour quelque temps, mais non découragées, trouvèrent bientôt un nouvel appui de leurs prétentions dans les théories des écoles socialistes et des philosophes progressistes.

Mais les enseignements de l'expérience leur firent comprendre qu'il serait politique, cette fois, de diviser les questions : les efforts furent désormais concentrés sur un point unique, le point économique ; on réserva les autres pour le temps où l'on serait assuré de la victoire sur le premier. Le mouvement, d'ailleurs, ne se restreignit pas à la France, mais dans la majorité des pays d'Europe, et surtout aux Etats-Unis, les femmes commencèrent à réclamer le plein exercice des droits civils et civiques, en attendant la revendication plus ambitieuse des droits politiques.

Il se forma en Amérique, en Angleterre et aussi en France, des Sociétés de propagande dans le but de relever la condition économique des femmes et de multiplier leurs débouchés industriels, pour développer l'enseignement professionnel des femmes et leur ouvrir de nouvelles carrières, non seulement dans le commerce mais aussi dans les professions libérales ; bientôt enhardies par le succès et par les progrès de l'évolution, devant laquelle commençait à céder l'esprit de la tradition, elles demandèrent aussi l'accès aux fonctions publiques.

Ces différentes réclamations eurent des résultats variés : les unes, les plus hardies, sombrèrent en partie avec les réclamations des droits politiques ;

d'autres ne trouvèrent un accueil favorable, qu'à une époque relativement tardive, où la question générale avait déjà atteint un certain degré de maturité ; d'autres enfin, les plus modestes, mais aussi les plus importantes, étant la base de tout un système contraire, et préparant sûrement le succès de revendications plus ambitieuses, trouvèrent un écho presque immédiat dans l'état actuel des choses, tel que l'avait modifié l'avènement de la société à un régime plus conforme aux principes de la justice.

Ce fut sur les points les plus infimes, mais aussi les plus urgents et les plus pratiques, que commença le travail de réforme provoqué par les écrits des philosophes progressistes et essayé par les femmes de la Révolution.

## Chapitre II.

### Résultats des réclamations théoriques et pratiques dans le domaine de l'Education et des Professions privées.

Les femmes de la Révolution avaient d'abord demandé une éducation moins dérisoire, et l'accès aux professions privées qui devaient être regardées comme

leur apanage, et qui, à la fin du xviii° siècle avaient
été usurpées par les hommes ; elles avaient ensuite
réclamé le droit au travail, et la possibilité d'exercer
toutes les professions.

Sur la question de l'éducation, l'esprit de la tradition
triompha d'abord ; la Convention qui fonda l'Ecole
normale, les Lycées, les Ecoles de médecine, ne fit
rien pour l'éducation des femmes ; il en fut de même
sous le Consulat et l'Empire ; dans l'opinion de Napoléon « il suffit d'enseigner aux filles à chiffrer et à
écrire les principes de leur langue, afin qu'elles sachent
orthographier ». Mais bientôt une évolution rapide et
féconde se développa sous l'impulsion de l'idée du
progrès ; des personnes privées fondèrent de nombreux pensionnats pour les filles ; le législateur intervint pour obliger toute commune de 500 âmes à avoir
une école de filles ; il se fonda des écoles professionnelles pour les jeunes filles ; enfin, dans ces derniers
temps, l'impulsion donnée par M. Legouvé conduisit
le législateur à organiser l'Enseignement secondaire
des jeunes filles, sans aller cependant jusqu'à la création d'un enseignement supérieur ; sur ce point, l'évolution reste à achever, mais comme pour favoriser la
transition, les femmes sont en France admises à suivre
les cours des Universités.

Sur la question des professions privées, l'édit de
février 1776, et ceux qui le complétèrent par l'abolition
complète des maîtrises et des jurandes, le principe de
la liberté individuelle, celui de la liberté du travail,

du commerce et de l'industrie proclamés en 1789,
conduisirent à une solution favorable pour les professions se rattachant au commerce et à l'industrie.
Des professions privées dont l'exercice doit être, dans
l'intérêt général, contrôlé par l'Etat, comme les pro-
. fessions de sage-femme et d'herboriste, de médecin
et de pharmacien, les premières continuèrent, comme
précédemment à être accessibles aux femmes, jamais
l'exercice ne leur en fut contesté ; les secondes, nécessitant plus de science de la part de celui qui les exerce,
ne devinrent l'objet de leurs prétentions, qu'à une
époque relativement récente, alors que certaines réformes favorables à la question générale, avaient déjà
été introduites, et que les femmes, encouragées par les
écrits des philosophes et le progrès des idées dans
l'opinion publique, purent espérer réussir dans leurs
tentatives.

Les professions privées, commerciales, industrielles
ou libérales, devinrent ainsi, au cours du siècle, successivement accessibles aux femmes ; en ceci, l'idée
du progrès triompha ; mais elle se trouva, sinon entra-
vée dans les résultats obtenus, au moins considérablement limitée par l'esprit de la tradition : ce ne fut et
ce n'est encore que l'exercice proprement dit de la
profession, qui fut accessible aux femmes, et encore,
fallut-il qu'il s'agit d'une profession purement privée ;
les honneurs qui s'y rattachent, les dignités qu'elle
confère accessoirement, les avantages honorifiques ou
la fonction supérieure à laquelle la profession peut

donner accès par la suite, leur restent encore généralement fermés : l'évolution est sans doute parvenue à un degré avancé, mais il reste encore des termes importants à parcourir.

## § I

*L'éducation professionnelle et les professions privées se rattachant au commerce et à l'industrie.*

L'Edit de 1776 et les principes de 1789 avaient, en droit, ouvert aux femmes toutes les professions privées ; mais le fait était loin de s'harmoniser avec le droit : l'évolution, dont le premier terme avait été posé en 1789 ne commença à donner des résultats visibles ; le principe du progrès, en lutte constante avec l'esprit de la tradition, ne l'emporta sensiblement et ne se manifesta par des actes législatifs ou philanthropiques, que dans la seconde moitié du siècle. Jusque-là, la situation resta, en fait, presque stationnaire.

Jusqu'en 1850, jusqu'en 1860 même, une ignorance presque absolue continue à peser sur près de la moitié de la population féminine, les femmes du peuple manquaient de toute éducation et de toute instruction ; pendant la première moitié du siècle, non seulement il ne fut jamais question de donner un enseignement professionnel aux filles, mais un grand nombre de communes manquait d'écoles de filles ; on n'avait que des écoles de garçons ou des écoles mixtes ;

« les parents étaient ainsi moins sollicités à faire instruire leurs enfants ; l'opinion traditionnelle persistait en même temps à établir. que les écoles sont faites surtout pour les garçons ; les parents, moins ambitieux pour leurs filles que pour leurs fils, étaient plus portés à refuser à celles-là l'instruction qu'ils faisaient donner à ceux-ci (1) ».

La conséquence nécessaire du défaut d'instruction chez les femmes, fut que celles-ci ne purent remplir, dans les professions commerciales et industrielles, qu'un petit nombre d'emplois subalternes ; et la concurrence fit considérablement baisser leur salaire ; dans la grande industrie, il fut de moitié environ, au-dessous de celui des hommes ; dans la petite industrie, il ne suffit pas à les faire vivre, car les femmes eurent vite encombré les industries où domine le travail de l'aiguille et des fuseaux, et celles qui semblent autant des travaux de ménage que des industries ; dans les industries de luxe, elles n'occupèrent que les bas échelons, et ne firent que les ouvrages les plus aisés et par suite les moins rétribués, ceux qui réclament seulement un peu d'habileté de main sans qu'une longue éducation ou un goût exercé soient nécessaires (2). Dans le commerce enfin, les femmes furent en général plutôt servantes qu'employées.

(1) P. Leroy-Beaulieu. Le Travail des femmes au XIXᵉ siècle, I, 6, notamment p. 152.

(2) P. Leroy-Beaulieu. Op. cit., p. 138 sq. et passim.

Certains économistes ont voulu voir dans la différence du salaire des hommes et des femmes, une cause
naturelle, permanente, et destinée à toujours exister;
cette différence, dit-on, est conforme à la nature des
choses, conforme au principe d'après lequel la rétribution est en raison des besoins du travailleur; or, les
besoins de la femme sont inférieurs à ceux de l'homme;
donc il est naturel que la rétribution de celui-ci soit
supérieure à la rétribution de celle-là.

Mais comme l'a très bien démontré M. Leroy-Beaulieu (1), ce n'est pas le besoin, qui est la cause et la règle
du salaire, mais à l'inverse, le salaire, qui est la cause et
la règle des besoins, qui leur permet de se développer et
de se produire; et si la différence des besoins était la
principale cause de l'inégalité des salaires entre l'homme
et la femme, cette inégalité ne serait pas aussi grande, la
différence des besoins pour les deux sexes ne portant
vraiment que sur la nourriture. D'autre part, le travail
humain est une marchandise qui se paye d'autant mieux
qu'elle est plus demandée et moins offerte; or, les
femmes se précipitant toutes en foule dans les carrières
très peu nombreuses que leur défaut d'éducation lais-
sait ouvertes à leur activité, l'avilissement du salaire
devait s'ensuivre nécessairement (2). Mais si telle est
la véritable cause de la différence de salaire, qui fut si
grande au commencement du siècle et qui, bien qu'à

(1) Le Travail des femmes au XIXe siècle, p. 130 sq.
(2) Leroy-Beaulieu. Op. cit., p. 134.

un moindre degré, subsiste encore actuellement entre
les deux sexes, cette différence, loin de persister, comme
on l'a prétendu, devait au contraire s'amoindrir en
raison directe de l'élévation de l'instruction des
femmes ; elle devra disparaître complètement quand
les femmes recevant la même éducation que les hommes,
et ayant accès aux mêmes carrières, l'esprit de la tradition aura cédé devant l'évolution accomplie : c'est
ce que semblent démontrer les faits.

La seconde moitié du siècle vit se développer l'évolution favorable, que l'esprit de la tradition avait,
jusque-là encore, réprimée. Le législateur se préoc-
cupa sérieusement d'assurer effectivement une meilleure éducation des filles ; des écoles professionnelles
pour les jeunes filles furent fondées ; le chiffre des salaires des femmes, sans égaler encore celui des hommes s'en écarta moins, de nouvelles carrières s'ouvri-
rent aux femmes dans le commerce et l'industrie.

La loi du 15 mars 1850 (1) sur l'enseignement, consa-
cre un chapitre aux écoles de filles. Aux termes de
l'article 51 de cette loi, « toute commune de 800 âmes
de population et au-dessus, est tenue, si ses propres ressources lui en fournissent les moyens, d'avoir
au moins une école de filles ». Le Conseil académique
put en outre, obliger les communes d'une population
inférieure, à entretenir une école de fille ; dès lors, une
des principales causes du défaut d'instruction des fem-

(1) Tripier. Supp., p. 358.

mes, commença à disparaître ; on ne pouvait plus l'attribuer à l'absence d'écoles. Le législateur tendit aussi
à rapprocher le niveau d'instruction des garçons et
des filles par l'identité des matières de l'enseignement :
l'article 48 de la même loi porte : « L'enseignement
primaire dans les écoles de filles comprend les matières de l'enseignement primaire énoncées dans l'article 23 : l'article 23 contient le programme de l'enseignement primaire dans les écoles de garçons.

Mais cette première tentative ne pouvait suffire; la loi
ne visait que les communes de 800 âmes, et elle
n'obligeait celles-ci à avoir une école de filles que « si
leurs propres ressources leur en fournissaient les
moyens. » Même après 1850, bien des communes de
France n'avaient pas d'écoles de filles. La loi du
10 avril 1867 (1) vint compléter celle de 1850, l'article
premier porte : « Toute commune de 500 habitants et au dessus, est tenue d'avoir au moins une
école publique de filles. » Le nombre des habitants
était abaissé de 800 à 500 et la commune était toujours tenue d'avoir une école de filles, quelles que fussent
d'ailleurs ses ressources. Ces deux lois ne pouvaient
manquer de relever infiniment l'instruction des femmes
en France; la loi du 28 mars 1882 (2) vint assurer définitivement le succès de l'œuvre en rendant l'enseigne-

(1) Tripier. Supp., p. 622.

(2) Sur l'Enseignement primaire obligatoire, complétée par la
loi du 30 octobre 1886. Tripier. Suppl., pp. 1064-1173.

ment primaire obligatoire pour les filles comme pour
les garçons. Les matières de l'enseignement sont
encore les mêmes ; on peut donc dire aujourd'hui que
les filles reçoivent la même éducation scolaire que les
garçons ; sur ce point, l'esprit du progrès a pleinement triomphé.

A côté de l'enseignement scolaire et parallèlement, il
s'en développa un autre, tout aussi négligé, et peut-être
davantage dans la première moitié du siècle, et cependant
aussi utile, sinon plus, pour l'exercice des professions
commerciales et industrielles : l'enseignement professionnel.

Il se développa en France à la suite de l'Exposition
de Londres de 1862. Déjà l'Angleterre, en 1851 et 1859,
avait fondé sous le nom d' « Art department » un
enseignement public des arts et des sciences appliqués
à l'industrie qui, accessible à toutes les classes, était
donné par tout le royaume, et où les femmes étaient
admises comme les hommes (1). Ces institutions nouvelles ayant eu pour résultat, sinon de détruire, au moins
d'ébranler la vieille supériorité de la France dans les
industries artistiques, la question fut mise à l'étude, aussi
en France, pour imprimer un plus grand essor à l'enseignement populaire du dessin. Le dessin linéaire faisait
déjà partie du programme de l'enseignement primaire
dans les écoles, et dès 1860, il existait à Paris plusieurs écoles spéciales de dessin pour les hommes et

(1) P. Leroy-Beaulieu. Le travail des femmes au xix⁰ siècle,
p. 301, et suiv.

pour les femmes; mais on ne l'enseignait pas dans les écoles de filles, on l'enseignait mal dans les écoles spéciales; une réforme était nécessaire. Après les premières enquêtes officielles, l'Etat s'en désintéressa bientôt, la reforme s'opéra cependant, mais lentement et partiellement : ce furent les municipalités, les chambres de commerce, les sociétés industrielles ou même des particuliers qui s'occupèrent de la question.

En ce qui concerne les femmes, il se forma à ce sujet, une société pour leur instruction professionnelle en général : ainsi fut ouverte, à Paris, en 1862, la première école professionnelle pour les jeunes filles, et qui s'établit rue de la Perle. Cette école qui ne compta d'abord que six élèves prospéra rapidement; une succursale fut ouverte rue Rochechouart, deux ans après ; les demandes d'admission affluèrent de Paris et de la province; l'instruction de l'école se montra aussi efficace que son développement matériel avait été rapide : « Outre l'enseignement général que l'on y trouvait solide et substantiel, dit M. Leroy-Beaulieu (1), cet institut avait deux cours et un atelier; un cours de commerce, ayant pour but de former des jeunes filles comme comptables, un cours de dessin et un atelier de couture. » On élargit bientôt les bases de l'enseignement, on l'étendit à la gravure sur bois, à la peinture sur porcelaine, sur ivoire, sur écran, sur stores; il y eut même des cours de médecine usuelle et d'herbo-

(1) Op. cit., p. 327 sq.

risterie. Aux deux écoles de la rue de la Perle et de la
rue Rochechouart vinrent bientôt s'en adjoindre trois
autres en 1868, 1869, 1870. Les cinq écoles réunies
comptaient 800 élèves en 1870. Le mouvement s'est
continué depuis et l'exemple donné a été imité partout
sur une large échelle. Actuellement, la ville de Paris
ne compte pas moins de dix à douze écoles municipales
professionnelles et ménagères pour les jeunes filles (1).
Sur ce point encore, l'idée du progrès triomphe : les
femmes reçoivent aujourd'hui un enseignement professionnel presque égal à celui des hommes.

A l'évolution favorable qui se produisit dans le domaine de l'éducation scolaire et de l'enseignement
professionnel de femmes, correspondit une amélioration sensible de leur condition.

Dans l'industrie, les femmes virent s'ouvrir pour
elles, les carrières des industries d'art et de luxe où elles
n'avaient pu jusque-là occuper que les derniers degrés ;
elles purent aborder avec succès, la peinture à l'huile
et à l'aquarelle, sur verre ou sur porcelaine, toutes les
autres menues occupations où l'art tient une place
notable, la gravure sur bois et la lithographie (2) ;
dans la bijouterie, elles purent s'élever des opérations,
élémentaires et routinières du reperçage ou du brunis-
sage aux travaux artistiques de la ciselure ou du mode-
lage; en Angleterre, elles abordèrent la typographie ;

_____

(1) Annuaire de l'Instruction publique, 1891.
(2) Leroy-Beaulieu. Op. cit., III, 1, passim.

il existe à Londres une imprimerie exclusivement féminine ; les femmes purent aussi, en Angleterre et en
France, obtenir des places de contre-maîtresse et de
directrice dans les manufactures ; dans le commerce,
elles s'élevèrent du rôle de servantes et d'employées
subalternes, aux emplois de secrétaires, de comptables,
de teneurs de livres ; on commença à se servir de femmes comme commis, comme caissières, comme chefs de
rayon dans les grands magasins ; les femmes purent
enfin être administrateur et commissaire de Sociétés
commerciales ; actuellement, la Société anonyme des
Fonderies d'Ardennes est dirigée par une femme (1).

Les femmes trouvant de nouveaux débouchés dans
des carrières nouvelles où le travail était à la fois moins
pénible et mieux rétribué, dégagèrent ainsi les autres
industries ; l'offre de la main-d'œuvre y étant en décroissance, les gains purent être plus considérables, ainsi
fut relevée, dans une certaine mesure, la valeur des
travaux de couture et des autres ouvrages féminins.

Cependant, malgré les résultats très favorables, auxquels a déjà conduit la réforme opérée dans l'éducation des femmes, dirigée et secondée par les écrits des
philosophes et les efforts des Sociétés de propagande,
l'idée du progrès n'a pas encore réalisé, dans le
domaine de la pratique comme dans celui de l'instruction
primaire et professionnelle, l'égalité de l'homme et

---

(1) M<sup>me</sup> F. Moucheur de Mélotte, administrateur-déléguée.
(Frank, f. avocat).

de la femme. Au point de vue des professions privées
se rattachant au commerce et à l'industrie, il subsiste
de nombreuses différences entre les deux sexes : dans
la plupart des manufactures, les salaires des femmes
restent, à égalité de travail, inférieurs à ceux des hommes ; les hommes sont encore préférés aux femmes,
dans un certain nombre d'industries (1) ; dernièrement

(1) D'après la loi du 19 mai 1874, « les filles et femmes ne
peuvent être admises dans les travaux souterrains des mines,
minières et carrières (a. 7). En ce qui concerne le travail de
nuit, le travail du dimanche et des jours de fêtes, les femmes
de 16 à 21 ans sont assimilées aux garçons mineurs de 16 ans
(a. 4, 5) : elles ne peuvent, en principe, être employées à aucun
de ces travaux. Un projet de loi sur le travail des enfants, des
filles mineures et des femmes, voté récemment par la Chambre
des députés, vient d'être également adopté par le Sénat, dans
sa séance du 29 mars 1892. (J. O. 30 mars 92).

Cette loi nouvelle, qui sera applicable à partir du 1er janvier 1893 et qui abroge à la même date la loi du 19 mai 1874,
reproduit, en les généralisant, les dispositions de cette dernière
loi et introduit une innovation. Aux termes de l'art. 4 de la loi
nouvelle, ce sont *toutes* les femmes auxquelles on interdit le
travail de nuit ; la loi de 1874 ne l'interdisait qu'aux femmes
mineures de 21 ans (a. 4, 5) ; mais, sur la proposition de M. de
la Berge, un amendement a été introduit pour accorder la
liberté du travail entre 4 h. du matin et 10 h. du soir ; on faci-
lite ainsi la suppression du travail de nuit ; on obtient les
mêmes avantages économiques, on évite les inconvénients
sociaux et moraux. D'après l'art. 5, les femmes de *tout âge* ne
peuvent être employées plus de 6 jours par semaine, ni les
jours de fêtes reconnus par la loi. La loi de 1874 ne statuait
que pour des femmes de 16 à 21 ans. Enfin, la loi de 1892 intro-

on agitait la question de savoir si les femmes pouvaient
être entrepreneurs de travaux ; la Commission d'admissibilité aux adjudications de la ville de Paris eut à

duit une innovation dans l'art. 3 : « Les femmes ne peuvent
être employées à un travail effectif de plus de 11 heures par jour. »
Des dispositions analogues ont été adoptées ou proposées dans
les pays voisins : en Angleterre, déjà, depuis une loi de 1847, re-
nouvelée en 1867 et en 1878, la journée de travail, pour les femmes,
est de 10 heures ; il en est de même aux Etats-Unis, depuis 1878.
En Allemagne, une loi récente, entrée en application le 1er avril
dernier, fixe à 11 heures la journée de travail des femmes :
:: 137 : « Le travail des ouvrières au dessus de 16 ans ne dépas-
sera pas 11 heures par jour et 10 heures les veilles de dimanche
et de jours fériés. » L'Allemagne, l'Autriche, la Suisse et la
Belgique ont, en outre, introduit des dispositions spéciales aux
femmes accouchées ; celles-ci ne peuvent être admises au travail
que quatre semaines après leur accouchement (*J.O.*, 28 mars 1892),
en France, plusieurs propositions de loi dans le même sens sont
à l'étude (Ch. des Dép. Annexe au pr.-v. de la séance du
29 mars 1892) ; (pour la Belgique, v. a. 5 du projet adopté le
9 août 1889 par la Chambre des représentants, et aussi les art. 3,
4, 6, 7 qui assimilent les femmes mineures de 21 ans aux garçons
mineurs de 16 ans, pour la durée et la réglementation du travail,
pour le travail de nuit et le travail du dimanche. Doc. inédit,
communiqué par la Soc. leg. comp., rapport de M. Van
Biervliet, prof. à la Fac. de Droit de l'Université de Louvain).

Comment accueillir ces restrictions partielles apportées à la
liberté individuelle et à l'égalité ? Doit-on y voir une exception
fâcheuse au principe libéral, une renaissance menaçante de l'idée
traditionnelle ? N'y doit-on pas chercher plutôt l'affirmation du
progrès sous une autre forme : la protection des individus
contre eux-mêmes ? La seconde hypothèse semble la plus conforme à la logique de l'évolution sociale. A mesure qu'elles

Chauvin.                                                                11

repousser de nombreuses pétitions, où il lui était
demandé d'exclure des adjudications, les maisons de
commerce ou d'entreprise dirigées par des femmes (1).
Enfin si les femmes ont accès aux carrières commerciales et industrielles, la loi leur refuse le droit de participer à ce qui est non seulement une dignité, mais à
ce qui constitue une garantie de liberté et d'égalité
dans l'exercice de la profession : la loi ne leur refuse
pas seulement de faire partie des tribunaux de com-

progressent, toujours les civilisations font une part plus grande
à la liberté de l'individu, et toujours elles s'efforcent de lui
assurer une jouissance plus effective de cette liberté ; il y a plus,
on veut qu'elle lui soit profitable ; ceci conduit à la restreindre,
quand l'individu en fait un usage nuisible. La femme étant en
général plus faible, physiquement, que l'homme, le législateur
intervient pour la protéger contre elle-même, pour l'empêcher,
dans la lutte de la concurrence, de surpasser ses forces. Il n'y a
là aucune idée d'inégalité à l'encontre de la femme. Ce n'est
pas l'idée traditionnelle d'infériorité et de subordination nécessaire, qui a fait édicter ces lois protectrices du travail des
femmes, mais l'idée nouvelle, que le premier devoir de l'État est
de soutenir les faibles et de les aider à supporter la concurrence
des forts. S'il y a inégalité, à ce point de vue, entre la femme et
l'homme, c'est *en faveur* de la femme qu'elle existe. Comme on
l'a dit, « le législateur fait ici acte d'humanité » ; « ce n'est pas
une loi économique qu'il propose, c'est une loi d'hygiène et de
santé publique. » (*J. O.*, 29 mars 1892, compte rendu *in extenso*
de la séance du Sénat du 28 mars).

(1) A cette occasion, des adversaires de la thèse de l'égalité
firent pourtant entendre des réclamations en faveur des femmes ;
on peut lire sur ce sujet une étude de M. Fr. Sarcey, dans le
*XIXᵉ Siècle*. (Mars 1892).

merce, mais de concourir à l'élection de leurs juges :
sur ce point, les femmes commerçantes et industrielles
sont soumises à un droit spécial. L'idée traditionnelle
de l'infériorité et de la subordination nécessaire a fait
ici plus que se maintenir en sa résistance à l'idée du
progrès, elle a empiété sur les conquêtes de l'évolution : avant 1789, s'il était peu de métiers qui fussent
accessibles aux femmes, s'il était peu de corporations
où elles fussent admises, au moins dans celles-ci,
avaient-elles un accès complet, au moins participaient-
elles à toutes les dignités du corps de métier : les
preud'femmes étaient égales aux prud'hommes et remplissaient les mêmes fonctions. Aujourd'hui, les femmes
ont accès à presque toutes les carrières commerciales
et industrielles, mais avec cette restriction très grave,
qu'on leur refuse encore une garantie accordée aux
autres commerçants. Mais si tel est le fait, peut-être,
ne restera-t-il pas longtemps sans être modifié ; l'idée
du progrès et les principes de l'équité, qui ont amené
les réformes importantes déjà opérées dans la situation
des femmes. n'est pas sans avoir gagné, sur ce point
aussi, l'opinion publique.

Au point de vue de l'électorat consulaire, on (1) a
pu assimiler la situation des femmes commerçantes
vis-à-vis des hommes. à celle des commerçants non
notables par rapport à ceux qui l'étaient, avant 1883.
Or, cet inconvénient fut trouvé assez grave pour né-

---

(1) Proposition de M. E. Lefebvre, du 30 octobre 1888.

cessiter une modification législative : « l'inconvénient le plus grave de la législation actuelle, disait le rapporteur du projet de 1883 (1), c'est de diviser les commerçants en deux classes, les notables et les non notables ; non seulement ces derniers sont privés d'un droit légitime, et ont devant les tribunaux une situation inégale, ils sont de plus, exposés à subir, par suite de la position qui leur est faite, des préjudices matériels dans l'exercice de leur profession ; la qualification de notable procure dans les affaires une prééminence lucrative à l'encontre des concurrents non notables, et les électeurs devant être choisis parmi les notables, les autres commerçants sont placés vis-à-vis, de ceux-ci, dans un véritable état d'infériorité. Les juges de tous, continuait le rapporteur, du moment qu'ils sont élus, doivent être élus par tous ; autrement il peut en résulter une inégalité fâcheuse entre ceux dont ils ont à juger les procès. Leur impartialité peut être soupçonnée, lorsqu'ils ont à prononcer entre un plaideur qui les aura élus et qui, à brève échéance, sera appelé peut-être à prendre part à leur réélection, et un autre plaideur vis-à-vis duquel ils n'auront pas la même situation. »

Ces différentes raisons firent étendre le suffrage à tous les commerçants patentés, par la loi du 8 décembre 1883. Or, à l'époque de la discussion et de la rédaction définitive de cette loi, cette situation infé-

(1) Rapport de M. Le Bastard au Sénat. Séance du 22 novembre 1883.

rieure des femmes commerçantes fut signalée au législateur ; Mme Maria Deraismes, présidente de la Société
pour l'amélioration du sort de la femme, adressa aux
Chambres, une pétition demandant, en faveur des femmes commerçantes, l'extension du droit de suffrage
aux élections consulaires, telle qu'elle était proposée
en faveur de tous les patentés visés par la loi nouvelle.
La pétition fut renvoyée à la Commission chargée
d'examiner le projet de loi sur les élections consulaires.
Mais le renvoi avait été, paraît-il, tardif, et pour ce
motif, le texte de la loi passa la réclamation sous silence : « un examen de la question soulevée », fut-il
dit dans la séance du 3 décembre 1883, « risquerait de
faire ajourner une réforme que l'on attendait depuis
sept années déjà (1) ; les nouvelles élections consulaires étaient imminentes, il importait qu'elles eussent
lieu sous le nouveau régime libéral. Il fallait éviter
toute cause de retard et réserver une difficulté aussi
importante et aussi nouvelle. » Néanmoins, on rédigea,
séance tenante, un amendement répondant au désir
exprimé par la pétition : l'amendement ainsi conçu :
« les membres des tribunaux de commerce seront élus
par les commerçants et commerçantes… » fut pris en
considération par la Chambre et renvoyé à la commission spéciale. Mais, à la séance suivante, du 4 décembre 1883, le rapporteur insista de nouveau sur l'urgence
qu'il y avait à adopter le projet de loi tel qu'il revenait

(1) La présentation du premier projet remontait à 1876.

du Sénat, sans lui faire subir une modification qui en reculerait l'application ; le rapporteur ne dissimulait pas d'ailleurs sa sympathie personnelle pour la proposition, et assurait par avance, qu'elle rencontrerait une disposition aussi favorable sur les bancs mêmes de la Chambre. En présence de l'impatience avec laquelle on attendait le vote de la nouvelle loi, l'amendement fut retiré ; mais on avait pris acte du premier vote favorable émis par la Chambre et de l'engagement moral souscrit par la grande majorité.

Il s'écoula quatre années avant que la question fût soulevée à nouveau. Le 30 octobre 1888, M. Ernest Lefèvre, député de la Seine, et 153 de ses collègues, parmi lesquels se trouvait le rapporteur de la loi de 1883, vinrent rappeler l'engagement pris par la Chambre à cette époque, et déposèrent une proposition de loi contenant un article unique destiné à modifier le 1° de l'article 1er de la loi de 1883. « L'art. 1er de la loi du « 8 décembre 1883 serait ainsi rédigé :

« Au lieu de : les membres des tribunaux de com- « merce seront élus par les citoyens français commer- « çants patentés...,

dire : « Les membres des tribunaux de commerce « seront élus par les commerçants et commerçantes « patentés... (1) »

La proposition rencontra l'accueil que faisait prévoir la première délibération de la Chambre de 1883.

(1) Proposition du 30 octobre 1888.

La Commission d'initiative conclut à la prise en considération dans les termes les plus favorables, « elle déclarait s'associer sans réserve à la proposition et exprimait le désir de voir étendre cet électorat pour l'élection des membres des Chambres de commerce (1). » La Chambre vota la prise en considération. La Commission chargée d'examiner le projet fit un rapport également favorable en date du 11 mars 1889, mais elle le modifia sur quelques points. Elle restreignit d'abord l'électorat des femmes aux tribunaux de commerce et ne crut pas devoir l'étendre aux élections pour les Chambres de commerce, comme la Commission d'initiative en avait exprimé le vœu ; mais c'était, fut-il dit, dans le désir de faire aboutir le plus tôt possible la réforme proposée. Puis, d'accord avec le Gouvernement, elle remania le texte de la proposition dans sa forme ; il fut ainsi conçu :

Article unique :

« L'art. 1ᵉʳ de la loi du 8 décembre 1883 est abrogé et remplacé par l'article suivant :

« Les membres des Tribunaux de commerce seront
« élus par les citoyens français commerçants et com-
« merçantes patentés ou associés en nom collectif... (2) »

La proposition ainsi rédigée fut adoptée par la Chambre des députés après déclaration d'urgence dans

(1) Rapport sommaire du 3 déc. 1888.
(2) Rapport du 11 mars 1889.

la séance du 5 juillet 1889. Elle fut transmise au Sénat le 7 juillet (1).

La question en resta là. Elle vient d'être reprise partiellement dans le courant de cette année (2) ; elle devra sans doute aboutir définitivement à une solution en rapport avec le progrès de l'évolution déjà accomplie en cette matière, et le mouvement des esprits qui s'accentue de jour en jour vers les idées plus libérales.

Au point de vue de l'équité, la solution en faveur de l'électorat des femmes ne peut en effet pas faire de doute ; et en droit, elle ne soulève aucune difficulté :

1. En équité, la femme commerçante ayant, de par la loi, des obligations et des charges qui lui sont communes avec le commerçant ; la femme commerçante étant soumise aux mêmes devoirs spéciaux que les

(1) Annexe au procès-verbal de la séance du 7 juillet 1889.

(2) Un projet de loi relatif aux Conseils de prud'hommes, présenté en mars 1892 par le Ministre du Commerce et de l'Industrie, met au nombre des électeurs patrons et ouvriers, les femmes possédant la qualité de françaises, âgées de 21 ans accomplis, et exerçant une des professions commerciales ou industrielles énumérées par la loi. (A. 5, 2° du projet, Sénat. Annexe au pr.-v. de la séance du 24 mars 1892).

La Chambre des députés a consacré cette innovation dans sa séance du 17 mars. Le projet est actuellement soumis au Sénat (*J. O.* du 4 juin 1892, compte rendu *in extenso*.). La Commission chargée de l'examen de la question vient d'approuver le rapport de M. Jean Macé concluant à l'adoption de la loi ) V. le *XIXe Siècle* du 5 juin 1892.)

commerçants hommes ; payant l'impôt de la patente, pouvant être mise en faillite, pouvant être poursuivie pour banqueroute frauduleuse ; elle doit profiter des droits particuliers conférés par la loi aux commerçants. Parmi ces droits, se trouve celui de nommer les juges en matière commerciale, les commerçantes doivent y participer ; et on ne peut pas dire que ce droit n'est pas un avantage, il a été revendiqué comme tel par ceux qui étaient exclus sous le régime de la notabilité. Tous les motifs invoqués par eux contre ce qu'ils appelaient un privilège, les commerçantes peuvent à leur tour les faire valoir : les commerçantes plaidant devant les juges qu'elles n'ont pas élus, sont dans une situation inégale par rapport à ceux qui ont le droit de les élire ; il faut dire avec le rapporteur de la loi de 1883 (1) : « Les juges de tous, du moment qu'ils sont élus, doivent être élus par tous. ».

2. En droit, l'extension de l'électorat consulaire aux femmes commerçantes ne présente aucune difficulté d'application ; si la commerçante est fille ou veuve, maîtresse de ses actions, il n'y a pas de question : elle exerce le commerce en toute liberté, sans aucune tutelle, sans aucune immixtion des pouvoirs publics, elle est vraiment l'égale de l'homme.

Si elle est mariée, de deux choses l'une : ou elle exerce le même commerce que son mari, ou elle a un commerce séparé. Dans le premier cas, le mari seul

(1) Rapport du 11 mars 1889.

paye la patente; seul, il est en nom et supporte les
charges, seul, il invoque les droits affectés à la qualité
de commerçant : les articles 5 du Code de commerce
et 220 du Code civil ont répondu par avance, en disant :
« la femme n'est pas réputée marchande publique si
elle ne fait que détailler les marchandises du commerce
de son mari ; elle n'est réputée telle, que lorsqu'elle
fait un commerce séparé. » Il n'y aura donc lieu
de réclamer une inscription sur la liste électorale que
dans le second cas, pour la femme mariée exerçant
un commerce séparé et ayant par suite patente à son
nom. Or, cette femme mariée, aux termes de l'art. 4
du Code de commerce, aura été nécessairement pour-
vue de l'autorisation expresse de son mari qui sera
mis à même de prévoir les conséquences du nouveau
droit conféré par la loi à la femme commerçante. Et
en admettant même, contrairement à la jurisprudence
actuelle, l'opinion particulière qui reconnaît à l'autorisation de justice le droit de suppléer l'autorisation
maritale; si cette autorisation de justice ne compromet
pas la puissance maritale en autorisant des actes de
commerce, l'adjonction d'une capacité électorale aussi
simple n'est pas de nature à la compromettre davantage.

Il n'est donc aucune bonne raison, aucune objection
sérieuse qui puisse motiver un refus de l'électorat consulaire aux femmes. L'évolution de la situation des
femmes commerçantes et industrielles dont le premier
terme fut posé en 1789, a reçu dans la seconde moitié

de notre siècle un développement qui fait présager le
temps peu éloigné où elle égalera de tous points celle
des hommes ; cette évolution resterait incomplète si le
législateur ne venait introduire dans le droit commercial
cette dernière réforme, la plus importante de celles qui
restent à opérer et sans doute la seule qui réclame son
intervention. En ce qui concerne les autres, l'esprit
du progrès qui a déjà triomphé de la tradition et
réalisé la mise en pratique, sans restriction à l'égard
du sexe, des principes de la liberté du travail, de la
liberté du commerce et de l'industrie, achèvera seul,
l'œuvre commencée, aidé en ce domaine par les conquêtes faites dans les domaines voisins ; l'égalité absolue
de l'instruction des hommes et des femmes, fera disparaître la préférence qui subsiste encore en faveur des
premiers pour un petit nombre d'industries ; l'admission des femmes à toutes les professions libérales et à
toutes les fonctions sociales, sans exception, réduira
l'offre encore surabondante du travail féminin dans certaines carrières commerciales et industrielles : l'égali-
sation des salaires devra s'ensuivre, par là sera réalisé
ce principe de justice : à travail égal, salaire égal.

  Ainsi de degré en degré, et par une évolution croissante, se trouvera consacrée, dans le domaine du commerce et de l'industrie, l'égalité des sexes, préconisée
par les philosophes progressistes, réclamée par les
femmes de la Révolution, et poursuivie au moyen
d'œuvres de propagande efficaces, par l'opinion
publique gagnée à l'idée de justice et d'équité, qui

s'impose en notre siècle et s'affirme définitivement à l'encontre de la tradition.

§ II

*L'enseignement secondaire et supérieur. Les professions privées contrôlées par l'État et la profession d'avocat.*

A ce degré plus élevé, l'évolution semble moins avancée. L'esprit de la tradition plus fort en ce domaine, retarde encore le progrès, et fait, sinon reculer, au moins hésiter les innovations qui ne seraient cependant que des applications logiques du principe posé. Le progrès, ici, semble heurter trop directement la tradition : tandis qu'on accorde volontiers l'égalité de l'homme et de la femme dans les degrés inférieurs, dans l'instruction primaire, dans l'exercice de professions que l'on considère peu, l'opinion publique s'effraie, on tarde à appliquer le même principe dans le domaine de l'instruction supérieure et des professions libérales plus estimées. Dans le premier cas, on s'écartait à peine de la tradition : les connaissances élémentaires de la lecture et de l'écriture peuvent ne pas exclure l'infériorité et la subordination, et la tradition avait toujours considéré comme viles les professions commerciales et industrielles qui, dans les civilisations antiques, furent abandonnées aux esclaves. Au contraire, l'admission des femmes aux connaissances élevées et scientifiques, leurs prétentions à l'exercice de professions qui devaient leur assurer une indépendance plus grande et une considération plus enviée, se trouvaient en opposition trop marquée avec la tradition, pour rencontrer un accueil aussi favorable, et avoir un développement aussi rapide. Cependant l'évolution est commencée, aussi sur ce point, et les résultats déjà obtenus, font présager qu'il en sera ici comme dans la matière précédente, l'idée du progrès triomphera définitivement de la tradition.

A. Sur la question de l'éducation, la réforme réclamée par les femmes de la Révolution, refusée par la Convention et par Bonaparte, commença, pour l'enseignement secondaire, dès la Restauration, sous l'action de particuliers : c'est à M^{me} de Campan que revient l'honneur d'avoir donné l'élan à l'enseignement secondaire des femmes; elle rédigea les statuts des maisons de la Légion d'honneur, Écouen et Saint-Denis, ce fut sous son impulsion que se fondèrent les premiers pensionnats. Mais si on rompait avec la tradition en s'occupant de donner de l'éducation aux femmes, on lui restait fidèle par les matières de l'enseignement : « L'Éducation de ce temps, dit M. Gréard (1), avait pour principal caractère la frivolité : les représentations scéniques, le jeu, la danse y tenaient une grande place, la plus grande, peut-être. » De 1815 à 1820, la

(1) Mémoire sur l'Enseignement secondaire des filles.

législation commença à s'occuper de ces divers établissements et à les distinguer en plusieurs classes
(écoles, pensions, institutions); une ordonnance du
7 mars 183?, « la première charte de l'enseignement
secondaire des filles, dit M. Gréard (1), organisa un
diplôme supérieur qui fut imposé pour ouvrir une
pension. Sous le gouvernement de Juillet, l'éducation
des filles fit de rapides progrès, en 1845 on ne comptait pas moins de 253 pensionnats dans le département
de la Seine. En même temps on inaugurait des cours
publics pour les jeunes filles. Mais l'esprit de la tradition continuait à dominer dans les matières de l'enseignement : celui-ci ne différait guère de l'enseignement
primaire. Cependant la réforme ainsi commencée reçut
bientôt une nouvelle impulsion. Les progrès accom·
plis en 1850 et en 1867 dans un domaine voisin, les
réclamations pressantes des philosophes au nom de la
justice et de l'utilité sociale, les raisonnements plus
modérés, mais plus persuasifs de M. Legouvé, entraî-
nèrent les esprits, et gagnèrent l'opinion publique à
l'idée d'une réforme plus complète; on commença à
demander l'intervention de l'Etat, et à propager l'idée
de collèges de filles semblables aux collèges de garçons, un nouveau terme de l'évolution fut marqué par
la loi du 21 décembre 1880 (2).

Le législateur vint organiser un enseignement

(1) Op. cit.
(2) Tripier. Suppl., p. 1012.

secondaire des femmes. Il détermina la nature des établissements où cet enseignement serait donné, et les matières qui seraient enseignées : aux termes de l'art. 1er, « Il sera fondé par l'Etat, avec le concours des départements et des communes des établissements destinés à l'enseignement secondaire de jeunes filles. Art. 2. Ces établissements seront des externats. »

Sur le second point, le législateur semble s'être attaché à concilier dans la plus juste mesure les deux tendances opposées, l'esprit de la tradition et l'esprit du progrès. S'écartant sur ce point des inspirations libérales de M. Legouvé, et faisant à la tradition une plus large part que ne l'avait faite le précurseur de la loi, le législateur aboutit presque à une œuvre contracditoire : il a organisé, pour les femmes, un enseignement secondaire, mais, comme avant 1880, celui-ci diffère à peine de l'enseignement primaire. Si l'on rapproche le programme de la loi du 28 mars 1882 de celui de l'art 4 de la loi du 21 décembre 1880 on n'aperçoit entre les deux, qu'une légère différence en faveur de l'enseignement secondaire; il y a plus, on constate une différence beaucoup plus considérable en faveur de l'enseignement primaire; le programme de l'enseignement secondaire comprend une langue vivante et les littératures anciennes que ne contient pas le programme de l'enseignement primaire; mais l'économie politique, qui est au programme de l'enseignement primaire, est absente de l'enseignement secondaire. A part ces différences, les

matières sont les mêmes. Or, ce qui distingue l'enseignement secondaire doit être plus que l'approfondis-
sement des matières ; d'une part l'économie politique
figure toujours dans tous les programmes d'enseignement secondaire ; d'un autre côté on n'aperçoit pas
la raison, qui fait supprimer pour les jeunes filles, l'enseignement de ce que l'on pourrait appeler les origines
de la langue française, du grec et du latin, sans
lesquels on n'a sans doute qu'une connaissance impar-
faite du français. Le législateur sacrifiant à l'idée de
la tradition, a introduit là une différence dans l'éducation des hommes et des femmes, qui n'était pas dans la
pensée de M. Legouvé ; d'après celui-ci il devait y
avoir « identité » des objets d'études (1) ; il voulait que
les filles fussent virilement élevées.

L'enseignement secondaire des femmes est créé, il
resterait à en compléter le programme.

Quant à l'enseignement secondaire supérieur, il est
encore à organiser.

La loi du 26 juillet 1881 (2) a créé, il est vrai, une
École normale destinée à préparer des professeurs
femmes, pour les écoles secondaires des jeunes filles.
Un concours d'agrégation a été institué et fonctionne
avec succès ; mais il n'y a encore rien d'organisé pour
le recrutement des professeurs femmes, destinés à
donner l'enseignement à l'École normale supérieure

---

(1) Hist. mor. des Femmes, ch. iii, liv. Ier.
(2) Tripier. Suppl., p. 1034.

créée par la loi du 26 juillet ; on est obligé de recourir
à des professeurs hommes. Il y a plus : les matières
enseignées à l'Ecole normale, ne correspondent pas à
celles que devront enseigner les professeurs sortis de
cette école : des notions de droit usuel figurent au
programme de l'art. 4 de la loi du 21 décembre 1880 ;
cet enseignement doit, conformément à l'arrêté ministériel du 14 janvier 1882, faire l'objet d'un cours
spécial dans les lycées de jeunes filles, et il est omis à
l'école de Sèvres (1). Sans doute, le législateur devra
intervenir pour régulariser la situation, et compléter
l'organisation de l'enseignement secondaire des
femmes.

Il ne fut pas créé en France d'enseignement supérieur spécial pour les femmes. Mais, depuis longtemps,
elles peuvent fréquenter les cours du Collège de
France, et dès 1870, les Facultés des Lettres, des Sciences
et de Médecine ont admis les femmes, non seulement
à suivre les cours, mais aussi à conquérir les grades
universitaires ; les femmes sont également admises dans
les Facultés de Droit. A ce point de vue le législateur
s'est abstenu de faire triompher l'un ou l'autre des
deux principes en lutte, c'est à l'opinion publique de
prononcer, on laisse à la pratique le soin de favoriser
l'esprit de la tradition ou l'esprit du progrès ; sans
l'emporter encore, le dernier fait d'ailleurs présager le

(1) Annuaire de l'Instr. publique, 1891.

Chauvin.                                                    15

temps sans doute peu éloigné, où il gagnera sensiblement sur le premier.

La France, malgré les entraves suscitées par
l'esprit de la tradition, se maintient, sur ce point, à
peu de distance des nations voisines les plus progressistes ; elle semble tenir le milieu entre les autres
pays d'Europe et les nations anglaises et américaines ;
plus libérale que les pays germaniques, (1) qui
excluent les femmes des études supérieures, que l'Espagne (2) et le Portugal, où la femme est encore,
comme en Turquie, maintenue dans la subordination
la plus absolue ; moins avancée cependant en l'évolution que l'Angleterre, où non seulement les femmes
sont autorisées à fréquenter les cours des Universités,
mais où elles ont vu se créer pour elles des facultés
spéciales (3) ; moins avancée aussi que les Etats-Unis,
où le principe du progrès semble l'emporter complètement, et l'égalité de l'homme et de la femme non seulement passée dans les mœurs, mais, au moins à ce
point de vue, stipulée par la Constitution (4) ; la

(1) Allemagne, Autriche-Hongrie.

Arrêté bavarois de 1880.

Arrêté ministériel de 1886, en Prusse. (Frank. La Femme
avocat).

(2) Décret royal du 16 mars 1882, interdisant aux femmes l'accès de l'Enseignement supérieur.

(3) En 1872 fut créée, à Londres, une école de médecine pour
les femmes. Cambridge et Oxford ont des facultés spéciales pour
les femmes, depuis 1872 et 1875.

(4) Le Droit des femmes à être admises aux universités des

France comme la Suisse, comme l'Italie (1) et les pays
du nord (2), sans se montrer défavorable à l'esprit du
progrès, le laisse se manifester d'abord en un champ
restreint, réservant sans doute les innovations plus
hardies, pour le temps où l'opinion publique, définitivement entrainée, aura assuré la défaite absolue de l'esprit de la tradition.

B. La réforme de l'éducation des femmes dans le
sens de l'égalité avec l'autre sexe, leur accès aux
études supérieures et aux diplômes qui les terminent,
entrainèrent une conséquence importante au point de
vue des professions. La question se posa de savoir, si
les femmes, pourvues des diplômes exigés pour l'exercice des professions libérales de professeur, d'avocat.
de médecin, de pharmacien, seraient admises comme
les hommes à jouir effectivement de leurs diplômes.
Une distinction fut faite : Si la profession dont il s'agit
est une profession purement privée, comme celle de
médecin, de pharmacien, de professeur libre, il n'y
avait aucune raison juridique pour en interdire l'exercice aux femmes ; le principe posé, en 1789, était le

Etats est stipulé par la Constitution de Californie, art. ix, section 9. (M. Ostrog. Op. cit., p. 180).
   (1) Règlement universitaire du 8 oct. 1876.
   (2) En Danemark, un arrêt royal du 25 juin 1875 admet les
femmes à suivre les cours des universités et à suivre les examens. (M. Ostrog. Op. cit., p. 179.)

principe de la liberté des professions, la tradition et
l'habitude qui tendaient à refuser aux femmes l'accès
des professions considérées comme masculines, ne
furent pas assez fortes contre la logique et l'esprit du
progrès; mais elles l'emportèrent sur le point suivant,
du moins au début : si la profession semble se ratta-
cher aux fonctions publiques, comme celle de professeur de faculté, d'avocat, de médecin ou pharmacien
d'hôpitaux, on hésite encore en France et dans la plupart des pays d'Europe, à l'ouvrir aux femmes.

*a*). Les professions privées de médecin et de pharmacien devaient être facilement accessibles aux femmes ;
outre que le principe de la liberté des professions s'y
appliquait sans restriction, l'opinion publique était en
quelque sorte préparée à accueillir cette innovation ;
depuis longtemps les femmes exerçaient la profession
d'herboriste, pour laquelle il existait des études et des
examens spéciaux ; de tous temps et en tous pays, les
femmes avaient exercé la profession de sage-femme.
On obéissait volontiers à l'impulsion libérale donnée
par les philosophes, principalement pour favoriser l'exercice de la médecine par les femmes ; le progrès ici était
en parfaite harmonie avec la disposition des esprits ;
l'opinion publique approuvait que les femmes fussent
de préférence soignées par des femmes.

Le mouvement commença dès 1849 aux Etats-Unis
et vers 1866, en France (1).

_____

(1) En 1866, M^me Madeleine Brès fit les premières démarches

Il se propagea rapidement aux Etats-Unis et en Angleterre ; actuellement les Etats-Unis comptent 3,000 femmes médecins (1) ; à Londres, le nombre en est si considérable que toutes ne trouvent pas à gagner leur vie ; on a créé une société dans le but de faciliter le passage aux Indes des doctoresses qui voudraient exercer leur profession chez les musulmanes.

La France tient le second rang après l'Angleterre et les Etats-Unis ; Paris compte actuellement une vingtaine de femmes médecins dont les cabinets sont très fréquentés et dont la clientèle se montre fort satisfaite (2).

En Europe, le mouvement ne se restreint pas à la France, la Suisse, la Belgique, l'Italie, ont aussi des femmes médecins. Exceptionnellement, à la suite des troubles politiques de 1882, la Russie ferma aux femmes les cours de médecine qu'elle leur avait d'abord libéralement ouverts ; actuellement encore, les femmes ne peuvent pas exercer la médecine en Russie, même après avoir demandé le diplôme aux facultés étrangères.

---

en France pour obtenir l'autorisation de suivre les cours de la Faculté de Médecine. La demande fut soumise au ministre de l'Instr. publique. L'impératrice, qui assistait au conseil des ministres, enleva le vote en faveur de l'admission des femmes : « J'espère, aurait-elle dit, que ces jeunes femmes trouveront des imitatrices, maintenant que la voie est ouverte ». (Mesnard. Les Femmes médecins), 1889, p. 11.

(2) E. M. Mesnard. Op. cit.

(3) A. Hurtrel. La Condition sociale de la femme, p. 30.

En Amérique et en Angleterre, l'esprit du progrès
a pleinement triomphé : la situation des femmes
médecins est en tout la même que celle des
hommes : faisant les mêmes études, prenant part aux
mêmes travaux, subissant les mêmes examens, elles
sont admises aux mêmes concours ; le diplôme, pour
elles, a la même valeur que pour les hommes, au point
de vue de l'exercice de la profession privée, et au point
de vue des fonctions même publiques que les médecins
peuvent être appelés à remplir. Ainsi dès 1861, c'était
une femme qui était médecin en chef de l'hôpital des
femmes de Boston ; il en était de même à Philadelphie
et à Chicago en 1865; dans plusieurs états de l'Union,
les femmes occupent des fonctions officielles dans les
asiles d'aliénées ; à Londres quatre hôpitaux sont dirigés par des femmes (1). Les États-Unis et l'Angleterre
assimilent même, à ce point, les femmes médecins aux
hommes, que celles-ci sont admises, comme professeurs,
dans les facultés de médecine; à l'Ecole de médecine
des femmes de New-York, sur 30 professeurs, 13 sont
femmes ; le doyen est une femme ; à l'Ecole de Philadelphie, on compte 15 femmes sur 29 professeurs ; les
femmes sont également admises à professer en Angleterre ; il en est de même en Italie (2).

Différente est la situation en France. L'esprit de la

(1) Mesnard. Op. cit., p. 12.
(2) Mme Catani est actuellement professeur de pathologie à
l'université de Pise (Mesnard. Loc. cit.).

tradition y a encore assez de force à l'encontre de l'esprit du progrès, pour faire hésiter, non seulement à
admettre les femmes à enseigner la médecine dans les
facultés, et à leur confier les fonctions élevées de chef
ou de surveillant dans les hôpitaux, mais on se refuse
à leur ouvrir les concours supérieurs ; et il y a peu
d'années encore, on refusait même de leur appliquer,
au cours des études, le droit commun des étudiants.

Ce fut d'abord le concours de l'externat d'où les étudiantes furent écartées ; elles durent réclamer et pétition-
ner plusieurs fois en vain avant d'être admises ; ce concours ne leur est ouvert que depuis 1882. Elles durent
ensuite recommencer la lutte pour obtenir de concourir
à l'internat, et cependant le droit strict était en leur
faveur : les règlements de l'assistance publique disent
formellement : « tout externe de deuxième année devra
« sous peine de radiation concourir pour l'externat. »
Sur le refus d'inscription qui fut fait aux femmes
en 1884, le Conseil de l'assistance publique fut saisi de
la question ; après délibération et malgré l'avis contraire d'une forte minorité, il se prononça pour l'admission des femmes ; mais les internes en fonctions
protestèrent, et adressèrent une pétition au ministre ;
les étudiantes firent une contre-pétition, la presse prit
part à la polémique ; l'opinion publique se prononça
pour les femmes, et le ministre rendit une décision
favorable.

Les concours de l'internat et de l'externat sont cependant les seuls auxquels les femmes ont obtenu le

droit de prendre part ; elles sont encore exclues des
autres concours supérieurs, notamment des concours
du clinicat ; pour ceux-ci, tout docteur en médecine
français et âgé de moins de 33 ans, a le droit de se faire
inscrire ; le Ministre de l'Instruction publique a jugé
par deux fois, que le diplôme de docteur en médecine
conféré à une femme, était nul pour le concours (1).

La pratique de la médecine est donc en France tout
ce que l'on concède, quant à présent, aux femmes.
Or, bien qu'il y ait là une importante manifestation du
progrès, on ne peut nier que l'esprit de la tradition
y apporte encore de fâcheuses entraves. Les restrictions
dont les droits des femmes sont l'objet, viennent nécessairement diminuer la valeur de leur diplôme, les
mettre sur un pied d'infériorité, et réduire leurs chances
de succès ; l'évolution est incomplète, il reste encore
des degrés importants à franchir. D'ailleurs, les faits
actuels semblent présager que la France ne restera
pas longtemps en arrière de ses voisins d'Outre-Mer,
le gouvernement a commencé à confier des fonctions
officielles à des femmes médecins : par arrêté ministériel du 20 janvier 1886, M\ue Sarrante, née Gaches, a
été nommée médecin suppléant du théâtre national de
l'Opéra ; une femme médecin était attachée à la mission
de M. Paul Bert en Annam et au Tonkin (2); plus ré-

(1) Mesnard. Op. cit., p. 8 et suiv.
(2) G. Breuillac. La Cond. civique et politique de la femme,
p. 80.

cemment, M<sup>me</sup> Berthillon, née Schulze, vient d'être
nommée médecin en titre d'un lycée de jeunes filles à
Paris.

*b)*. L'idée d'une femme médecin ne devait rencontrer
que peu de résistance dans l'esprit de la tradition.
Le caractère purement privé de la profession ne sou-
levait aucune difficulté, et l'opinion publique accueil-
lait favorablement une innovation qui n'était pour
ainsi dire que le développement d'un état de choses
déjà existant, bien qu'à un degré inférieur, et consacré par une longue pratique. Au contraire, l'exercice, par une femme, de la profession d'avocat, se trouvant d'une part en opposition directe avec la tradition,
se heurtant d'un autre côté à la question complexe de
la nature de la profession, et de l'exclusion, regardée
par la plupart, comme posée en principe, sauf exception,
contre les femmes, en ce qui concerne les fonctions
publiques, n'avait même pas, ou plus difficilement, à
présenter en sa faveur, la justification morale qui avait
gagné les esprits à l'innovation précédente.

Ce fut surtout en Europe, que le progrès, sur ce
point, eut à lutter contre la tradition. Aux États-Unis,
où l'égalité des droits et la liberté individuelle sont et
demeurent de plus en plus des réalités effectives qui
pénètrent la pratique, dans ces pays sans tradition
où la femme s'affirme l'égale de l'homme, et où
la scission qui s'accuse encore sur notre continent entre
les occupations et les aptitudes des deux sexes, s'af-
faiblit au point de disparaître presque, l'idée de l'exer-

cice de la profession d'avocat par les femmes, apparut
de bonne heure, comme l'application logique des principes admis, et se trouva bientôt en complète harmonie
avec les combinaisons sociales nouvelles, apportées par
l'évolution.

Dès 1869, les femmes obtinrent avec beaucoup de
facilité l'admission à prêter le serment d'avocat.
Dans la plupart des Etats (1), ce fut par une interprétation libérale des règlements en vigueur, et sans l'intervention d'aucune loi nouvelle, que les femmes furent
admises au barreau. D'autres Etats (2) de 1878 à 1886,
votèrent une législation spéciale pour autoriser les
femmes à pratiquer comme avocats (3). Aujourd'hui,
sur les 49 Etats et territoires de l'Union, il n'en est
que quelques-uns qui n'ont pas de femmes avocats ;
depuis 1880, le nombre des femmes de loi a considérablement augmenté ; les Etats hostiles ou indifférents
ont été amenés peu à peu à se convertir aux idées
nouvelles, plus de 150 femmes plaident actuellement
devant les tribunaux américains.

Ce n'est pas seulement auprès des tribunaux inférieurs que l'on admit les femmes à plaider, mais
auprès de toutes les Cours, et même de la Cour suprême des Etats-Unis : la loi fédérale du 15 février 1879

(1) Missouri, Michigan, Utah. (Frank. La Femme avocat.)

(2) Californie, Illinois, Iowa, Minnesota, New-York, Ohio et
Wisconsin.

(3) Les termes dans lesquels ces lois énoncent le droit des
femmes à exercer la profession d'avocat sont, soit implicites, soit

déclare que « toute femme qui aura plaidé à la barre
de la plus haute cour d'un Etat ou d'un territoire pendant trois ans, pourra être admise à pratiquer devant
la Cour suprême des Etats-Unis (1). Cette importante
mesure fait plus que d'affirmer l'égalité de l'homme et
de la femme dans l'exercice des professions, elle ouvre
en quelque sorte aux femmes, l'accès aux plus hautes
fonctions politiques de l'Etat : la Cour suprême, en
effet, d'après la Constitution de 1776, est, en dehors
de ses attributions judiciaires, investie du devoir de faire
respecter la Constitution ; elle sanctionne, en outre, les
traités, entretient la bonne harmonie entre les Etats et
intervient dans les différends entre nationaux et
étrangers (2). En vertu de la loi de 1879, plusieurs
femmes sont avocats près de la Cour suprême.

La question est loin d'être aussi avancée en Europe,
La majorité des Etats a ouvert aux femmes l'accès
des études juridiques, mais les quelques demandes qui

explicites ; les textes de Californie et d'Illinois proclament, en
règle générale, que « personne ne sera empêché, à raison de
« son sexe, d'embrasser une vocation, profession ou occupation
« quelconque non illicite ». — Les lois d'Iowa et Minnesota
établissent que « toute personne sera admise à l'exercice de la
« profession d'attorney..... Les lois de Massachussets, New-
York, Ohio et Wisconsin disent expressément qu'il s'agit de
l'admission des femmes au barreau. ( M. Ostrog. Op. cit.,
p. 160).

(1) Id., ibid.
(2) Frank. La Femme avocat.

ont été adressées par des femmes, en vue d'exercer la profession d'avocat, ont, à peu d'exceptions près, toujours été repoussées. Ce n'est d'ailleurs que dans un petit nombre de pays que la jurisprudence a eu à se prononcer.

L'Italie, en 1883, la Suisse, en 1887, et la Belgique, en 1888, ont refusé aux femmes l'accès du barreau.

En Italie, le Conseil de l'Ordre de la Cour de Turin avait, à la majorité des voix, conclu à l'admission ; mais le procureur général, intervenant d'office, déféra la décision du Conseil à la Cour d'appel (1) qui l'annula ; La Cour de cassation rejeta le pourvoi (2).

En Belgique, le procureur général de la cour de Bruxelles refusa de recevoir le serment.

En Suisse, où il n'y a pas de barreau organisé, le tribunal invoqua l'article 174 du Code de procédure, qui exige que les personnes représentant les tiers devant les tribunaux, soient en possession « des droits de citoyen actif ». Le Tribunal fédéral rejeta le pourvoi en assimilant le droit de citoyen actif au droit de vote (3).

En Russie, la profession d'avocat fut accessible aux femmes jusqu'en 1876. Avant 1874, le principe, en cette matière, était la liberté absolue ; en dehors du

(1) Arrêt de la Cour d'appel de Turin du 15 novembre 1883.

2) Arrêt de la Cour de cass. de Turin du 8 mai 1884. (Frank. Op. cit.)

(3) M. Ostrog. Op. cit., p. 156.

barreau et des avocats assermentés, toute personne
munie d'une procuration pouvait plaider pour le man-
dant devant n'importe quelle instance judiciaire ; dès
cette époque, il y eut des femmes qui postulèrent et
plaidèrent ; en 1874, une loi du 25 mai 1874 vint créer
un certificat de mandataire privé renouvelable tous les
ans et frappé d'une taxe, que l'on obtenait après avoir
été examiné par les tribunaux, et qui fut imposé pour
exercer la profession d'avocat. Des femmes demandèrent à être admises comme mandadaires privés et
furent reçues par les tribunaux. Le Ministre de la Justice ayant déféré ces décisions à la Cour de cassation,
celle-ci reconnut que la loi relative aux mandataires
privés ne contenait aucune restriction à l'égard du
sexe ; mais, le Ministre en appela à l'Empereur, qui
trancha la question en signant un ordre impérial (du
7 janvier 1876) portant, que l'interdiction établie par
l'ordonnance du 21 janvier 1871 d'admettre les femmes
aux services publics, s'étendait aux fonctions d'avocat.
Cet ordre impérial fut depuis intercalé parmi les dispositions de la loi organique sur l'organisation judiciaire dans les termes suivants : art. 406[19]. « Les
femmes ne peuvent pas obtenir le titre de mandataire
privé dans les affaires judiciaires (1). » C'était une
première manifestation de l'esprit de réaction qui fit,
par la suite, exclure les femmes de toutes études supérieures, et leur fit même fermer les facultés de méde-

___

(1) M. Ostrog. Op. cit., p. 157.

cine et interdire l'exercice de la profession de médecin, qu'elles avaient pu d'abord exercer librement. Sans doute, il faut voir là une question de politique, et la Russie, obéissant de nouveau à l'impulsion du progrès, reviendra aux solutions plus libérales qu'elle a cru devoir abandonner momentanément.

Comme la Russie avant 1876, la Suède fera, sur ce point, également triompher en Europe l'idée du progrès. Des femmes ont déjà été admises à plaider pour leur mari devant des tribunaux de première instance; et le recteur de l'Université d'Upsal ne fait aucun doute qu'une femme, après avoir terminé ses études juridiques et obtenu le diplôme de Docteur, n'ait le droit incontestable, de pratiquer comme avocat près un tribunal quelconque du pays (1). D'ailleurs, comme il n'existe pas en Suède d'ordre des avocats, et que le tribunal doit agréer les défenseurs, chaque tribunal et chaque Cour aurait à se prononcer en particulier; ce que l'on peut dire dès maintenant, c'est que le droit est pour les femmes, puisqu'elles peuvent fréquenter les cours des Universités, et que le fait qui a déjà établi des précédents favorables, confirmera vraisemblablement le droit.

Récemment enfin, la Roumanie a eu à se prononcer, et elle est venue augmenter le nombre des pays progressistes; la Cour de Bucharest vient de recevoir une femme à prêter le serment d'avocat.

(1) Frank. La Femme avocat.

En ce qui concerne la France, la question n'a pas encore été soumise à ses tribunaux ; mais si l'on en juge par l'esprit libéral de ses réformes générales, par le rang qu'elle tient sans doute à honneur d'occuper immédiatement après les Etats-Unis au milieu des différents pays de l'ancien et du nouveau monde ; par l'accueil que trouvent dans l'opinion publique les innovations toujours plus hardies de l'esprit du progrès à l'encontre de la tradition déjà ébranlée et ruinée sur bien des points ; la solution donnée sera la conclusion logique des prémisses posées, elle sera la conséquence des principes presque constamment suivis, elle s'harmonisera avec l'ensemble de la législation qui se prépare comme une suite et un complément de l'œuvre de réforme commencée, elle marquera le terme d'un nouveau degré d'évolution.

En laissant de côté la question générale et philosophique de la légitimité de l'égale admission des deux sexes à l'exercice de toutes les professions et de toutes les fonctions sociales, pour s'en tenir strictement aux arguments juridiques que l'on peut faire valoir en faveur de la solution progressiste, il semble qu'on devra raisonner ainsi :

Dans l'état actuel du droit, la jouissance des droits politiques n'est pas une des conditions requises pour l'exercice de la profession d'avocat : pour le démontrer, il suffit de rappeler que le mineur peut être avocat. D'autre part, la capacité juridique de la femme est une règle fondamentale de notre législation ; chaque

fois que cette capacité est restreinte, le code proclame
la restriction dans une disposition formelle : les articles 37, 442, 980 en font preuve. Hormis les cas d'incapacité énoncés d'une manière spéciale, le code a
établi le principe de la capacité de la femme ; or, il n'y
a pas en France de texte législatif qui prononce l'incapacité de la femme sur la question ; le décret du
14 décembre 1810 (1) relatif à la réglementation de la
profession d'avocat et à la discipline du barreau, ne
contient pas d'exclusion contre les femmes ; à la différence de la loi du 25 ventôse de l'an XI (2) qui stipule
que pour être admis aux fonctions de notaire il faut
« jouir de l'exercice des droits de citoyen et avoir
satisfait aux lois sur la conscription militaire (3) » les
seules conditions exigées par l'article 13 du décret
de 1810 pour être reçu avocat sont : « la présentation
au procureur général du diplôme de licence et la remise
du certificat des inscriptions aux écoles de droit. » Les
femmes sont admises en France à prendre des inscriptions aux écoles de droit et à conquérir les diplômes
de licencié en droit, elles remplissent donc les conditions requises par le décret.

Si l'on veut élargir le débat, s'écarter de la lettre
pour consulter l'esprit de la loi, ramener la question
aux principes, chercher des éléments de solution dans

(1) Tripier. Suppl., p. 28.
(2) Tripier. Suppl., p. 260.
(3) Art. 35, 1° et 2°.

la nature de la profession, et examiner si la mise en pratique d'une semblable théorie, ne présenterait pas de graves inconvénients, ne rencontrerait pas des obstacles insurmontables, on aboutirait de même, semble-t-il, à des conclusions également en harmonie avec l'esprit du progrès.

Sans doute l'empereur était peu favorable aux idées progressistes de l'indépendance des femmes et de l'égalité des sexes, « s'il y a », disait-il, « une chose qui n'est pas française, c'est qu'une femme puisse faire ce qui lui plaît »; il est également incontestable qu'il eut peu de bienveillance pour les avocats, il les désignait sous le nom de « tas de bavards »; mais le rapprochement que l'on (1) veut faire des deux antipathies paraît au moins forcé; il semble difficile de déduire logiquement l'exclusion des femmes, de la haine de Napoléon pour les avocats; et si l'on voulait s'en tenir à l'opinion générale de Bonaparte, qui trouvait qu'il suffit d'enseigner aux filles à compter et à mettre l'orthographe, sans doute faudrait-il exclure les femmes des universités, et aller jusqu'à supprimer les lycées de jeunes filles.

Si on ramène la question aux principes, on rencontre d'une part, le principe formellement exprimé dans la Constitution, de la liberté des professions; d'autre part, le prétendu principe de l'exclusion des femmes de toutes fonctions publiques ne saurait, tout au plus, être

(1) M. Ostrog. Op. cit., p. 146.

accepté que comme un fait de coutume, aucune disposition ni constitutionnelle ni légale n'écartant formellement les femmes des fonctions publiques.

Recherchant alors quelle est la nature de la profession
d'avocat, de deux choses l'une : ou c'est une profession
privée, ou c'est une fonction publique ; ou l'avocat est
fonctionnaire, ou il exerce une simple profession ;
mais l'avocat n'est pas fonctionnaire, car s'il était
fonctionnaire de l'administration de la justice, il tien-
drait du pouvoir exécutif l'investiture de ses fonctions,
comme les magistrats, les notaires, avoués, huissiers ;
comme cela se faisait en Autriche avant 1868 (1), comme
cela se fait actuellement au Japon, où les avocats sont
nommés et institués par décret du ministre de la justice (2) ; en second lieu, l'injure adressée à l'avocat
dans l'exercice ou à l'occasion de l'exercice de ses
fonctions, serait punie des peines de l'outrage ; enfin
l'exercice de la profession d'avocat sans autorisation
du gouvernement devant les tribunaux étrangers tom-
berait sous le coup de l'article 17 du code civil, et par
là, l'avocat perdrait la qualité de français comme par
l'acceptation non autorisée de fonctions publiques à
l'étranger (3). Mais il n'en est pas ainsi.

On invoque la prestation de serment imposée par
l'article 14 du décret de 1810. Mais aux termes de

(1) La Femme Avocat, p. 47.
(2) Frank. Loc. cit.
(3) Art. 17 nouveau. Loi du 26 juin 1889.

l'article 312 du code d'instruction criminelle, le juré, lui aussi, est astreint à la prestation d'un serment spécial ; et cependant il n'est pas regardé comme un fonctionnaire public dans le sens ordinaire du mot, bien que cette conséquence fût plus vraie et plus rationnelle que la première, puisque le code pénal accorde au juré à raison de ses fonctions la protection spéciale de l'article 222 dont ne jouit pas l'avocat (1). On insiste et on dit : « Si le ministère de l'avocat ne constitue pas proprement une fonction publique, au moins est-ce une profession qui a un caractère public, c'est un office public. L'intervention de l'avocat est *nécessaire* dans l'administration de la justice : *si non habebunt advocatum, ego dabo*, disait déjà le préteur romain ; dans les sociétés modernes, on constate une extension constante du rôle de la défense, si bien que le ministère d'avocat devient une partie intégrante de l'organisme judiciaire, et fonctionne régulièrement dans chaque phase du procès depuis le commencement jusqu'à la fin ; la fonction d'avocat, associée à la justice pour éviter à la société les périls d'un jugement non suffisamment éclairé, est par suite, un office public. Sans doute l'avocat peut choisir le client, comme le client l'avocat, et sur ce point il y a une profession, mais il y aura toujours un avocat qui plaidera l'affaire ; dans le cas où l'accusé ne peut pas trouver de défenseur, l'article 294 du code d'instruction criminelle déclare

(1) Frank. Loc. cit.

qu'il lui en sera nommé un d'office à peine de nullité
là se révèle l'office public (1). »

Sans contester ces raisonnements, qui sont certainement justes, on peut cependant répondre : La profession
d'avocat présente, en sa nature, un caractère mixte de
profession privée et de fonction publique, sans qu'on
puisse déterminer lequel des deux éléments l'emporte ;
mais d'un côté, le principe de la liberté des professions
reste entier ; d'autre part, la fonction publique n'est
pas la fonction politique ; en troisième lieu il n'est pas
de texte pour défendre aux femmes l'accès des fonctions publiques, à plus forte raison, des professions où
domine peut-être le caractère privé ; en admettant
que la profession d'avocat constituât un office public,
une loi spéciale serait donc nécessaire pour prononcer contre la femme l'incapacité de remplir cette
fonction.

Recherchant alors si la mise en pratique de l'admission des femmes à l'exercice de la profession d'avocat
ne présenterait pas de graves inconvénients, si des
obstacles insurmontables ne viendraient pas entraver
la réalisation de l'idée du progrès en cette matière, on
se trouve en présence d'un certain nombre d'objections,
dont les plus importantes concernent la qualité de
femme mariée, la nécessité où se trouve quelquefois
l'avocat de siéger comme juge, et la question embar-
rassante de savoir si les femmes peuvent en droit faire

(1) M. Ostrog. Op. cit., p. 151 sq.

partie de l'ordre des avocats, alors qu'elles furent exclues des corporations.

Sur la question des complications que pourrait entraîner la qualité de femme mariée, on dit d'abord : La femme, qui ne peut rien faire sans l'assentiment de son mari, ne saurait faire pour autrui ce qui lui est interdit pour elle-même. Mais du motif qui a fait édicter la théorie des articles 215 sq. du Code civil, il semble, au contraire, que l'on doive conclure à la non autorisation de la femme mariée avocat. L'autorisation maritale n'est en effet requise que pour certains actes, pour ceux qui peuvent mettre en péril le patrimoine de la femme ; si elle a besoin de l'autorisation du mari pour ester en justice, ce qu'il faut traduire par figurer comme *partie* dans un procès, c'est parce qu'elle pourrait dans un procès téméraire, engager et exposer son patrimoine ; or, la femme avocat ne saurait mettre en péril ses biens et ceux de sa famille, ni causer préjudice à aucun des siens ; l'avocat n'encourt aucune responsabilité à raison des avis et des conseils qu'il donne ; la femme mariée n'aura donc pas plus besoin de l'autorisation de son mari pour pratiquer au barreau, qu'elle n'en a besoin actuellement pour être admise dans le personnel enseignant de l'Etat ou dans les administrations publiques où on commence à admettre les femmes. Tout au plus, pourrait-on exiger que la femme reçut de son mari l'autorisation de pratiquer, comme la femme qui veut faire le commerce a besoin, aux termes de l'art. 4 du Code de commerce. de l'autorisation générale du mari. Mais ce serait assimiler la profession d'avocat à une profession purement privée, à une profession commerciale, et c'est une profession libérale, et on la veut ranger parmi les fonctions publiques.

On invoque ensuite un argument tiré de l'art. 214 du Code civil : « la femme est obligée d'habiter avec le mari et de le suivre partout où il juge à propos de résider » ; la femme mariée, dit-on, ne peut donc pas être avocat, elle pourrait être contrainte de transporter son cabinet où il conviendrait au mari de fixer sa résidence. Mais cette objection ne s'applique pas seulement à la profession d'avocat ; mais elle frappe toutes les professions, privées et publiques ; il faudrait, si l'on en tenait compte, interdire à une femme mariée d'être médecin, ou pharmacien, ou marchande publique ; on devrait exclure du personnel enseignant et des administrations publiques les femmes mariées, qui pourraient se trouver dans la nécessité d'abandonner leurs fonctions pour accompagner leur mari. Enfin le mineur ne devrait pas être admis au barreau, car aux termes de l'art. 374 du Code civil, il est tenu d'habiter avec ses parents.

Une plus grave objection est celle qui se résume ainsi : « Un avocat peut être appelé à compléter le siège du tribunal. Or, la loi a entendu écarter les femmes des fonctions judiciaires, donc la femme ne saurait devenir avocat. »

Cependant ce raisonnement ne semble pas irréfu-

table : de ce que, en l'état actuel du droit, les fonctions
de juge ne soient pas accessibles aux femmes, il ne
s'ensuit pas nécessairement que celles-ci ne puissent
être avocats; les conditions requises ne sont pas les
mêmes dans les deux cas, et on n'a jamais songé à
refuser la prestation de serment et l'inscription, soit
au stage, soit au tableau, d'un avocat, sous prétexte
qu'il ne remplissait pas les conditions requises pour
l'exercice éventuel du devoir de suppléance : ainsi en
Belgique, où le barreau est accessible aux étrangers,
ceux-ci, bien qu'ils ne puissent être appelés à compléter le siège, peuvent cependant exercer la profession d'avocat (1). De même, en France, les mineurs sont
appelés à plaider, bien qu'ils ne puissent remplir les
fonctions de juge. Sur ce point, les femmes pourraient donc être avocats au même titre que les mineurs.

Reste la question de l'organisation des avocats en
corporation ; l'avocat, dit-on, n'exerce pas une simple
profession, le barreau constitue un ordre, et cet ordre
est inaccessible aux femmes, l'ordre des avocats est
une corporation.

Mais tandis que rationnellement rien n'implique
l'idée que l'ordre, cette compagnie jouissant de certains
privilèges et soumise à certaines règles, soit uniquement réservée aux hommes, juridiquement, s'il en fut
ainsi au moyen âge, et jusqu'au xviiiᵉ siècle, l'édit
de 1776 est venu permettre aux femmes de faire partie

(1) Frank. Op. cit., p. 59-60.

des corporations. En Belgique, la loi du 11 juillet 1832, qui a créé l'ordre civil et militaire de Léopold, reconnaît aussi aux femmes le droit d'en faire partie, et cet ordre renferme plusieurs dignitaires femmes. La difficulté d'ouvrir la corporation des avocats aux femmes n'existerait ainsi ni en fait, ni en droit.

Il ne subsiste donc en dehors de la tradition, aucune bonne raison pour exclure les femmes de la profession d'avocat ; encore, les arguments traditionnels n'ont-ils qu'une faible valeur, au moins en France : outre qu'il semble étrange de voir invoquer le droit romain sur ce seul point, alors qu'on ne songe nullement à le faire en d'autres matières, où les prohibitions du préteur ne furent pas moins formelles, par exemple, pour écarter les aveugles (1) du barreau, pour exclure les femmes du commerce de banque (2) ; on pourrait, semble-t-il, argumenter de l'article 7 de la loi du 30 ventôse de l'an XII, aux termes duquel, les « lois romaines, les ordonnances, les coutumes générales ou locales, les statuts et les règlements ont cessé d'avoir force de loi dans les matières faisant l'objet du Code », pour opposer une fin de non recevoir aux textes du Digeste et aux coutumes du moyen âge. Le législateur moderne a voulu effacer toutes traces de l'ancien droit ; sans doute, le décret de 1810 ne fait pas partie intégrante du Code de 1804, et, à ce point de vue, il n'est

(1) Loi 1, Dig. *De Post.*, III, 1.
(2) Loi 12, Dig. *De Edendo*, liv. II, titre 13.

pas visé directement par la loi du 30 ventôse ; mais ce dernier texte en statuant sur le code civil, a implicitement statué sur les lois à venir destinées à le compléter. La matière de la profession d'avocat se trouve réglementée à nouveau et dans tous ses détails par le décret de 1810, ce décret se suffit à lui-même ; on ne saurait légitimement emprunter au droit romain abrogé en 1804, pour en tirer une interprétation contraire à tous les principes du droit moderne.

Ce qui reste incontestable, c'est que le principe de la liberté des professions est un principe fondamental de notre constitution, c'est que, d'un autre côté, au cas de silence de la loi, l'interprétation doit en être donnée suivant l'esprit général de la législation. Or, en faveur de l'idée du progrès sur ce point, il y a plus que l'esprit général à invoquer : la loi elle-même pose en règle fondamentale, la capacité juridique des personnes ; il faut un texte formel pour y déroger.

Le temps n'a donc pas marché en vain, il a consacré d'importantes réformes et de réels progrès, en ce qui regarde l'instruction scientifique des femmes et leur accès aux professions libérales. L'esprit de la tradition a été vaincu en cette circonstance par l'esprit de progrès et de justice ; l'opinion publique trop longtemps égarée, s'est enfin laissé gagner à l'évidence ; Molière, qu'il ne faut pas confondre avec le bonhomme Chrysale, ne protesterait pas contre les réformes acquises, puisqu'il voulait « qu'une femme eût des clartés de tout ».

Mais ce qui a été conquis est quelque chose, ce qui reste à obtenir encore, est beaucoup.

Le principe d'égalité commence à s'affirmer aussi dans l'exercice des connaissances acquises, soutenu par le principe de la liberté des professions ; partout où la tradition n'a pas pris les devants pour s'assurer dans un texte de loi, un triomphe durable, elle doit céder devant l'esprit du progrès qui, par une interprétation libérale, affirme en son sens, tout ce qui ne lui est pas formellement dénié ; il provoque déjà des modifications législatives en harmonie avec les principes d'équité et de justice, qui doivent dominer le droit positif et lui servir de règle idéale.

---

## Chapitre III

**Résultats des réclamations théoriques et pratiques dans la sphère des professions se rattachant aux fonctions publiques.**

---

Sans être aussi satisfaisants, ni entrés dans une voie aussi rapide de succès, qu'en le domaine précédent de l'éducation et des professions privées, les résultats

déjà obtenus dans la sphère plus élevée des fonctions
publiques, accusent cependant une tendance marquée,
de la faveur avec laquelle l'opinion publique semble se
réserver d'accueillir les innovations du progrès à venir.

La résistance que rencontra d'abord l'esprit du
progrès, devait se concevoir ; à la différence des
professions privées, pour lesquelles il trouvait un
solide appui, dans le principe formel en sa faveur,
de la liberté des professions, et d'autre part dans
l'absence de tout texte prohibitif, il se heurta ici à des
textes contraires ; il fut arrêté en outre, par le courant
entravé de l'évolution voisine sur les droits politiques,
deux forteresses redoutables au pouvoir de l'esprit de
la tradition. Mais le progrès était trop avancé dans le
domaine des professions privées pour reculer devant
ces difficultés ; ne pouvant les attaquer de front, on
put au moins les tourner et diviser les questions. Ce
que l'on ne pouvait certainement pas obtenir quant à
présent, c'était l'admission, de plein droit, aux fonctions
publiques impliquant essentiellement la capacité politique ; mais pour les autres, on pouvait d'abord s'appuyer sur le principe de la liberté des professions,
invoquer, ensuite l'absence de texte formulant le principe de l'exclusion des femmes des emplois civils.
C'était un assez vaste champ ouvert à l'action du progrès ; il s'y développa, et il n'est sans doute pas éloigné
aujourd'hui d'ébranler, à leur tour, les dernières forteresses de la tradition.

Si on admet encore en général que les femmes ne

peuvent pas, de plein droit, remplir des fonctions
publiques, un grand nombre d'actes législatifs sont
venus apporter au prétendu principe des dérogations
multiples ; non seulement aux Etats-Unis, mais en
Europe et particulièrement en France, la réforme est
commencée ; parti de fonctions subalternes et peu
importantes dans l'organisation générale de l'Etat, le
mouvement s'étend aux emplois plus élevés, et a déjà
gagné en Amérique où l'évolution atteint les derniers
termes, quelques-unes des fonctions publiques supérieures.

§ I

*Etat de la question en Amérique.*

Actuellement, l'aptitude de la femme à remplir des
fonctions publiques différentes des fonctions politiques,
n'est plus contestée dans le Royaume-Uni ; presque
tous les services lui sont accessibles ; non seulement
les services de l'enseignement, des hôpitaux, de l'administration, mais celui des cultes et, sous quelques réser-
ves, le service de justice.

*a).* Dans le domaine de l'enseignement public, les
femmes sont admises aux fonctions de professeur et
d'administrateur. Les fonctions de professeur leur sont
ouvertes sans restriction et à tous les degrés, les femmes sont admises à professer même dans les facultés.
Les fonctions d'administrateur, leur sont également
très largement ouvertes ; elles peuvent être élues

« Commissaire scolaire » et prendre part à tout ce qui regarde l'administration des écoles (1). Elles peuvent être directrices et même occuper la fonction supérieure de « County superintendent » à la tête du département de l'instruction dans le Comté (2); celle de « State superintendent of Education » à la tête du département de l'instruction dans l'Etat leur est plus rarement confiée (3).

*b*). Les femmes ont aussi accès aux fonctions de médecin en chef des hôpitaux; une loi d'avril 1890 vient d'imposer une femme médecin dans chaque asile féminin d'aliénés (4). Elles peuvent également faire partie des commissions d'inspection pour les hôpitaux et les hospices.

*c*). Le nombre des femmes employées dans l'administration générale est considérable. En 1881, les administrations publiques de l'Etat, (civil service), ne comptaient pas moins de 3.216 femmes dans leur personnel supérieur ou inférieur (5). Les autorités municipales ou locales avaient 1.304 employés féminins. Les services télégraphiques ou téléphoniques en comptaient 2.228. Entre autres fonctions supérieures,

(1) M. Ostrog. Op. cit., p. 125 et 135.

(2) Léon Giraud. Mémoire sur la condition des femmes au point de vue de l'exercice des droits publics et politiques, p. 149.

(3) L. Giraud, id., ibid.

(4) L. Giraud, id., ibid.

(5) G. Breuillac. Cond. civique et politique des femmes, p. 91.

on confie aux femmes l'inspection du travail des femmes dans les manufactures de l'Etat, l'inspection des prisons de femmes ; dans le même ordre de fonctions, mais à un degré moins élevé, la garde des détenues dans les prisons de femmes, et récemment dans les postes de police des grandes villes; un office, à la fois judiciaire et administratif, l'office des « police matrons », corps de femmes attachées aux postes de police, vient d'être créé dans toutes les villes de 25.000 habitants et au dessus (1).

Un grand nombre de femmes sont également employées dans les bureaux comme rédacteurs, expéditionnaires, sténographes. Les places de sténographes auprès des Chambres leur sont même ouvertes, et aussi les places de bibliothécaires publics. On trouve enfin des femmes secrétaires de hauts fonctionnaires et rétribuées par l'Etat; c'est une femme qui remplit la fonction de secrétaire militaire auprès du gouverneur d'Iowa; la place de clerk de l'adjudant général est aussi actuellement tenue par une femme (2).

d). Mais, contrairement à ce que l'on observe dans la question de l'admission des femmes aux diverses fonctions administratives, qui semble s'acheminer, par une marche constante vers la complète égalité entre les deux sexes, les fonctions qui se rattachent au service de justice, sans rencontrer une résistance sérieuse,

(1) Léon Giraud. Op. cit., p. 149-150.
(2) L. Giraud. Loc. cit.

devinrent, après les premiers succès, l'objet de restrictions partielles. Dans la plupart des Etats (1), les femmes
ont obtenu d'exercer les emplois de notaire et de
greffier, donnant l'authenticité aux actes; les Etats
d'Ohio et de Visconsin (2) ont fait des lois spéciales
pour admettre les femmes aux fonctions de notaire
public. Depuis longtemps et dans presque tous les
Etats, elles remplissent la fonction d'avoué qui, aux
Etats-Unis, se confond avec la profession d'avocat (3);
mais un grand nombre d'Etats ont encore une législation qui s'oppose expressément à l'exercice, par les
femmes, de la profession de notaire ou de greffier; par
exemple, l'Etat d'Illinois exige que l'aspirant soit
citoyen des Etats-Unis; l'Etat de Minnesota, qu'il soit
électeur; les fonctions spécialement judiciaires de
magistrat et de juge ne leur sont pas encore pleinement accessibles. On cite deux Etats, le Kansas et le
Wyoming, où les femmes peuvent être juge de paix;
mais la législation générale stipule. parmi les conditions nécessaires pour remplir la fonction de juge,
celle de « citoyen mâle ». Cependant le principe a déjà
subi quelques dérogations partielles qui semblent faire
présager que l'évolution ne s'arrêtera pas à ce terme

(1) A l'Est, dans le Maine ; à l'Ouest, dans Indiana et Iowa.
(L. Giraud. Op. cit.), p. 141.

(2) M. Ostrog. Op. cit., p. 142.

(3) On désigne les gens de loi sous le nom d'attorney ou
conseilors *at law*. (Frank. Op. cit.), p. 34.

incomplet; mais elle devra, sans doute, attendre le développement parallèle de l'évolution des droits politiques; les deux territoires du Wyoming et de Washington, où les femmes siégèrent au jury pendant quelques années, avaient, à l'époque correspondante, accordé le suffrage aux femmes (1). Les lois de 1869
pour le Wyoming, et de 1883 pour le territoire du
Washington, ayant été depuis déclarées inconstitution-
nelles par la Cour suprême, les femmes perdirent en
même temps le droit de siéger au jury.

*c*). Les fonctions se rattachant au service de justice
sont d'ailleurs presque les seules auxquelles on semble
hésiter encore à admettre les femmes. Outre qu'on leur
ouvre sans restriction tous les services de l'administration générale et particulière, et même des fonctions en
quelque sorte gouvernementales, les femmes ont encore
accès aux fonctions sacerdotales. Un certain nombre
de sectes, les congrégationalists, les baptists, les
unitarians, ont admis les femmes au ministère religieux;
et en qualité de ministre, elles peuvent consacrer les
mariages; et non seulement les autres habitants ac-
ceptent les unions ainsi contractées comme aussi régu-
lières et légales que si elles avaient été célébrées par
un pasteur de l'autre sexe, mais les législatures des
Etats les admettent à remplir les fonctions publiques de
ministre ou chaplain. On comptait, en 1880, 165 femmes ministres (Women preachers). De 1872 à 1875,

(1) M. Ostrog. Op. cit., p. 140.

ce fut une femme qui remplit la fonction publique de chaplain dans le Sénat du Connecticut. Elle fut nommée officiellement et appointée, comme l'avaient été ses prédécesseurs (1).

## § II.

### *Etat de la question en Europe et spécialement en France.*

Tandis que l'évolution est peu éloignée, aux Etats-Unis, d'atteindre le terme final qui doit assurer le triomphe définitif des idées d'équité et de justice, sur les derniers vestiges d'un état de choses que pouvaient à peine justifier les origines difficiles des société, où la force fut l'élément primordial et la condition néces-saire de développement et de prospérité, l'Europe, plus riche de souvenirs historiques, et moins indépendante devant les mœurs traditionnelles, tarde à franchir les quelques degrés qui restent comme un dernier hom-mage rendu à l'esprit de la tradition, et ménagent l'af-firmation trop subite de principes que l'on craindrait de voir troubler, par une application sans transition, l'harmonie générale des institutions.

Parmi les fonctions publiques, la majorité des pays d'Europe n'a encore ouvert aux femmes que des em-plois subalternes, de ceux, a-t-on dit, « qui ne sont dans

---

(1) L. Giraud. Op. cit., p. 145.

Chauvin. 17

le mouvement du service public que les gestes réflexes chargés de l'exécution matérielle par opposition à l'idée qui conçoit et à la volonté qui décide (1). » Sans résister ouvertement à l'idée du progrès, on n'en suit ainsi l'impulsion qu'en satisfaisant à l'esprit traditionnel; si on consent à donner aux femmes quelques emplois dans les services publics, au moins on ne rompt pas avec le principe d'infériorité et de subordination nécessaire, les femmes ne seront employées dans l'œuvre de l'Etat que comme des « instruments plus on moins inconscients dirigés d'en haut (2). » En partant de ces principes et en recherchant dans les différents services publics, lesquels comportent la division en fonctions de pure direction, et opérations simplement mécaniques, on arrive à établir deux ordres, administratif et judiciaire, dont le premier seulement, reçoit la ligne de démarcation entre les diverses attributions.

Dans l'ordre judiciaire, dit-on, toutes les fonctions ont le même caractère; l'exécution matérielle ne se distingue pas de la direction réfléchie; de plus, elles constituent une délégation immédiate de la souveraineté, leurs titulaires sont des représentants directs de la majesté du prince ou du peuple. ces fonctions impliquent toutes, la capacité politique : dès lors, aucune fonction judiciaire proprement dite n'est en principe accessible aux femmes. Cependant, si on

(1) M. Ostrog. Op. cit., p. 132.
(2) Id., ibid.

admet que la profession d'avocat est un office public
se rattachant à l'administration de la justice, quelques
pays d'Europe ont déjà commencé à abandonner la
tradition pour suivre l'exemple des Etats-Unis :
la Russie avant 1876, la Roumanie depuis 1891 et
dans quelques années peut-être, d'autres encore ;
et si aucun pays d'Europe n'a encore ouvert aux
femmes, ni les fonctions de juge et de magistrat, ni
même les professions d'avoué, de notaire, greffier,
huissier, cependant, quelques pays, la France notamment, commencent à les employer comme clercs et
expéditionnaires dans des cabinets d'avocats, dans des
études d'avoués et d'officiers ministériels (1). Ainsi se
prépare lentement, la réforme plus ou moins éloignée
de la législation sur ce point. Des lois nouvelles seront
sans doute nécessaires pour continuer l'évolution, les
principes généraux se heurtant en la matière à des
textes formels dans leur rigueur exclusive : telle en
France la loi sur le notariat du 25 ventôse de l'an XI,
qui statue que, pour être admis à exercer les fonctions
de notaire, il faut jouir des droits de citoyen.

Dans l'ordre administratif, distinguant les fonctions
qui impliquent la capacité politique, et celles qui ne
sont pour ainsi dire que l'exécution matérielle, souvent
mécanique, des règles prescrites, la majorité des pays

---

(1) On comptait, en 1881, 139 femmes clercs d'avocats et d'officiers ministériels en France. Recensement général de 1880.
Frank (La Femme avocat), p. 84.

d'Europe admet les femmes aux secondes ; ainsi, presque partout, les femmes ont obtenu l'accès dans les situations subalternes du service des postes et télégraphes, ou des chemins de fer ; cette admission a lieu, soit en vertu de règles générales établies par des ordonnances ou des décrets, soit par tolérance de l'administration, qui admet les femmes au service, après les avoir « dispensées de leur sexe », selon la phraséologie bureaucratique de certains pays. En Russie, un règlement général, promulgué en 1871 sous forme d'ordre impérial sanctionnant une délibération des ministres réunis en conseil et présidés par l'empereur, établit que les femmes pourront être admises aux emplois subalternes du service médical, aux bureaux de télégraphes, au service de comptabilité de l'administration des écoles et lycées de jeunes filles, et aux établissements d'enseignement, du ressort de cette administration ; mais, excepté les cas énumérés, « est et demeure interdite, l'admission des femmes dans un service public quelconque, aux emplois d'expéditionnaires, et à d'autres fontions, soit à la nomination du gouvernement, soit électives (1) ».

Comme la Russie, le Danemark exclut encore les femmes des services publics supérieurs ; c'est ce qui ressort de l'ordonnance royale du 25 juin 1875 sur l'admission des femmes à l'Université de Copenhague ;

<hr/>

(1) Ordonnance du 14 janvier, 1871. M. Ostrog. Op. cit., p. 137.

l'article 3 de cet acte stipule « que les examens universitaires et les grades académiques ne donnent pas accès
aux femmes dans les carrières administratives (1) ».

En dehors des emplois subalternes qui leur sont
ouverts dans l'administration, les femmes ont encore
accès à la carrière de l'enseignement. Mais tandis que,
sur les autres points, l'évolution rencontre encore une
sérieuse opposition, la sphère de l'enseignement public
présente, à l'idée du progrès, un champ plus favorable
de développement.

D'abord admise dans les écoles de filles, l'action
pédagogique des femmes fut bientôt étendue aux
écoles de garçons dans l'enseignement primaire ; actuellement, elle vient d'obtenir l'enseignement secondaire des jeunes filles ; il est même quelques pays
d'Europe, l'Italie, l'Angleterre, la Suède qui ont admis
des femmes à professer dans l'enseignement supérieur :
à l'Université de Stockolm, une Russe récemment
décédée professait les mathématiques (2) ; en Italie,
c'est une femme qui occupe la chaire de pathologie à
l'Université de Pise ; en Angleterre, beaucoup de
femmes occupent des chaires dans les facultés de
médecine.

La France, comme dans la question des professions
privées et de l'éducation générale, semble aussi, dans
la question de l'admission des femmes aux fonctions

(1) Annuaire, V, p. 5o1.
(2) M. Ostrog. Op. cit., p. 136, note 1.

publiques, tenir un rang intermédiaire entre les Etats-
Unis et les différents pays de l'Europe ; comme les
derniers, elle n'a pas encore songé à réformer sa législation du commencement du siècle, et maintient l'exclusion traditionnelle des femmes de toutes les fonctions judiciaires, et de toutes celles qui impliquent
essentiellement la capacité politique. Mais à l'imitation
des Etats-Unis, elle commence à ouvrir largement aux
femmes tous les autres services. Successivement,
presque tous les ministères ont libéralement ouvert
leurs cadres à l'élément féminin, depuis le ministère
de l'instruction publique et de l'intérieur, jusqu'aux
ministères des finances, des postes et télégraphes et
des travaux publics. Le ministère de la justice, auquel
il faut joindre les cultes, leur reste seul absolument
fermé, le ministère de la marine et celui de la guerre
offrant même quelques emplois officiels aux femmes.

*a)* La matière de l'enseignement public est celle où
tend à s'affirmer le plus le principe de l'égalité des
sexes. Les fonctions confiées aux femmes y sont de
même nature que celles qui sont confiées aux hommes ;
les conditions d'admission à exercer l'emploi sont
identiques ; il ne subsiste que quelques différences
qui disparaîtront nécessairement au cours de l'évolution générale, celles qui portent sur les programmes
d'études, sur les traitements, et peut-être sur le caractère des établissements où les uns et les autres sont
admis à professer. Dans l'enseignement primaire, les
femmes ont accès aux carrières du professorat et de

la direction des écoles, au degré élémentaire et au degré supérieur ; elles peuvent exercer les fonctions d'institutrice titulaire ou adjointe, dans les écoles communales de filles ; celles de directrice d'écoles maternelles ou salles d'asile ; dans les établissements primaires d'enseignement supérieur, celles de directrice d'adjointes internes et de professeurs externes (1). En cette matière un décret du 25 décembre 1882 a aussi admis les femmes à remplir les fonctions d'inspectrice ; en outre, par deux lois récentes, une place leur est réservée dans l'administration scolaire de l'instruction publique, depuis que cette administration est dirigée avec le concours de conseils en partie électifs. Les femmes ont été admises à ces derniers, par la loi du 27 février 1880 (2) relative au Conseil supérieur de l'instruction publique, et la loi du 30 octobre 1886 (3) sur l'organisation de l'enseignement primaire. Dans le Conseil départemental de l'enseignement primaire, parmi les membres de droit, siège la directrice de l'école normale des institutrices, et parmi les membres élus, deux personnes choisies par leurs collègues, les institutrices publiques du département (4). Dans le Conseil supérieur, aux élections de six membres de

(1) Loi du 29 juillet 1881 mod. Décr. 26 déc. 1885.
*Cf.* Loi 28 mars 1882.
*Adde.* Loi 28 mars 1886.
(2) Tripier. Suppl., p. 964.
(3) Tripier. Suppl., p. 1173.
(4) Art. 44, 4° et 5° de la loi du 39 octobre 1886.

l'enseignement primaire, prennent part les directrices des écoles normales primaires, les inspectrices générales et les déléguées spéciales chargées de l'inspection des salles d'asile (1). Les femmes, en cette matière, ne possèdent pas seulement l'électorat, elles ont aussi l'éligibilité au Conseil supérieur qui a, non seulement des attributions consultatives d'une très grande portée pour l'Etat et la société, mais des pouvoirs de juridiction administrative (2). Ce ne sont donc pas seulement les fonctions subalternes qui sont ici confiées aux femmes, mais les fonctions les plus élevées, et qui les mettent sur un pied d'égalité absolue avec leurs collegues de l'autre sexe.

L'évolution est moins avancée en ce qui concerne l'enseignement secondaire.

En vertu de la loi du 21 décembre 1880 (3), les femmes peuvent occuper dans les lycées et collèges de jeunes filles les places de directrices, maîtresses ad-

(1) Loi du 27 février 1880, art. 1er *in fine.*

(2) Le Conseil supérieur statue en appel et en dernier ressort sur les jugements rendus par les Conseils académiques en matière contentieuse ou disciplinaire (a. 7, al. 1).

Il statue également en appel et en dernier ressort sur les jugements rendus par les conseils départementaux, lorsque ces jugements prononcent l'interdiction absolue d'enseigner, contre un instituteur primaire public ou libre. (Art. 7, al. 2, loi du 27 février 1880).

(3) Tripier. Suppl., p. 1012.

jointes, maitresses répétitrices et professeurs ; la loi du
26 juillet 1881 (1) portant création d'une école normale destinée à former les professeurs femmes de cet
enseignement, leur a ouvert de nouvelles places de
directrices et de professeurs ; mais l'organisation reste
incomplète, en ce sens que le législateur n'a pas encore créé d'enseignement secondaire supérieur pour la
formation des professeurs femmes, devant fournir le
personnel enseignant de l'école normale supérieure.
Actuellement, on doit recourir à des professeurs
hommes.

Dans la sphère de l'enseignement supérieur, la
France n'a pas encore eu à se prononcer sur la question de savoir si une femme, munie des diplômes
exigés par la loi, serait admise à professer dans les
Facultés et dans les Universités. Mais ici, comme sur
la question de la profession d'avocat, il y a tout lieu
de croire que, n'ayant pas à aller directement à l'encontre d'un texte législatif prohibitif, et la fonction
n'impliquant nullement la capacité politique, l'esprit du
progrès triompherait aisément de l'esprit traditionnel ;
ce serait des Etats-Unis, de l'Angleterre, de la Suède,
de l'Italie, que la France suivrait sans doute l'exemple
libéral.

*b*) Après le ministère de l'instruction publique, celui
de l'intérieur offre un certain nombre d'emplois aux
femmes dans le service des prisons et de l'assistance

(1 Tripier. Suppl., p. 1034.

publique. Dans les prisons, les femmes sont admises aux fonctions de gardiennes des détenues et même aux emplois supérieurs d'inspectrices. Un grand nombre de femmes sont employées dans les hôpitaux et hospices en qualité d'infirmières laïques ou religieuses. Des femmes ont la direction du quartier réservé aux femmes, à l'hospice d'aliénés de Charenton ; il existe à Bordeaux une école de sourdes-muettes, dont le personnel est également recruté parmi les femmes (1). Celles-ci sont encore employées dans les maisons d'accouchement, dans les ouvroirs pour les jeunes filles et les femmes, dans les maisons de filles repenties, dites filles de Saint-Michel. Sans admettre encore les femmes aux emplois de médecin en chef dans les hospices et hôpitaux, comme cela se fait aux Etats-Unis, on commence cependant à leur confier des fonctions analogues ; c'est une femme qui occupe la place de chef, à l'Ecole d'accouchement (2). L'institution des « polices matrons » dans les postes de police est encore inconnue en France (3).

c) Dans le département des finances, le Crédit Foncier emploie les femmes dans la comptabilité, notamment au service des titres ; elles y sont au nombre de deux cents environ ; la Banque de France, le Timbre, le Comptoir d'Escompte leur confient les mêmes

---

(1) G. Breuillac. Cond. civique et politique des femmes, p. 85.
(2) Block. Dict. d'administration. Femme.
(3) L. Giraud. Op. cit., p. 150.

fonctions. Dans un autre ordre d'idées, l'Etat emploie un grand nombre de femmes dans la fabrication des cigares et cigarettes de ses manufactures ; en ce qui concerne la vente du tabac, la femme peut, soit gérer les débits pour le compte des titulaires, soit devenir elle-même titulaire (1).

*d*) Le ministère des postes et télégraphes est un des premiers qui ait offert des emplois aux femmes ; depuis longtemps, celles-ci sont admises à remplir les fonctions de receveuses, où elles ont la possibilité d'authentiquer les actes (2) ; le nombre de femmes employées comme télégraphistes est considérable (3) ; il faut y joindre celles qui depuis quelques années sont employées aux téléphones.

*e*) Le ministère des travaux publics qui avait déjà depuis longtemps admis les femmes aux fonctions su-

(1) Les bureaux de tabac sont donnés aux candidats qui figurent sur des listes établies par une commission, dans une des trois catégories suivantes :

1° Veuves ou filles d'anc. off. sup., d'anc. fonctionnaires civils supérieurs, d'officiers inférieurs s'étant signalés par des actions d'éclat ;

2° Veuves ou filles d'anciens fonctionnaires de grade inférieur, civils ou militaires ;

3° Personnes qui ont accompli un acte de courage ou de dévouement. (G. Breuillac. Op. cit., p. 86).

(2) Da. 1688, II, 33. Note de M. Glasson.

(3) Le bureau télégraphique du Palais de la Bourse, à Paris, ne comptait pas moins de 70 femmes en 1884. (Rapport de M. Cochery du 25 juin 1884.)

balternes de garde-barrière et de distributrice de bil-
lets, leur a confié, en 1886, les fonctions supérieures de
chef de gare (1).

*f*) Enfin, il n'est pas jusqu'aux ministères de la marine et de la guerre qui n'offrent des emplois aux
femmes. Celles-ci sont d'abord employées dans les
hôpitaux militaires pour soigner les malades et les
blessés. Les hôpitaux de l'armée de terre furent
d'abord desservis par la congrégation religieuse des
sœurs de Saint-Vincent-de-Paul ; puis par la Société
des veuves et des filles des défenseurs de la Patrie
tués à la guerre ; depuis quelques années, par le personnel de la Société neutre des ambulances portant le
brassard à la croix rouge de Genève. Les hôpitaux
de la marine sont soumis au même régime que ceux
de l'armée de terre ; ils sont desservis par les sœurs
de la Sagesse et de Saint-Thomas-de-Villeneuve (2).

Le ministère de la marine et celui de la guerre
offrent encore aux femmes, les emplois officiellement
reconnus et réglementés de vivandières et de canti-
nières, pour assurer la nourriture des sous-officiers
dans les cantines. Enfin si les femmes ne sont pas
soumises au recrutement, et si les écoles militaires destinées à former les officiers leur sont fermées, elles peuvent s'enrôler comme volontaires, au moins en temps
de guerre, et conquérir sur les champs de bataille des

(1) G. Breuillac. Op. cit., p. 87.
(2) G. Breuillac. Op. cit., p. 85.

grades militaires qui ont, pour elles, la même valeur que pour les hommes et leur sont un titre légitime à être pensionnées par l'Etat. Déjà avant 1789, l'histoire nous a conservé le nom de Geneviève Prenoy dite le chevalier Balthazar qui fut lieutenant de cavalerie dans le régiment de Condé. Pendant la Révolution, les sœurs Fernig furent lieutenants de cavalerie sous Dumouriez. La Convention alloua une pension annuelle de 300 livres qui fut ensuite portée à 550, au sous-lieutenant d'infanterie Catherine Pochat (1).

Sous l'Empire, plusieurs femmes s'illustrèrent aussi dans le métier de soldat et conquirent des grades dans l'armée ; entre autres, Marie Schellink, entrée au service, au 2ᵉ bataillon belge, fut successivement caporal, sergent, sous-lieutenant, enfin pensionnée et faite chevalier de la Légion d'honneur en récompense de ses services (2).

L'idée du progrès, qui s'affirme ainsi dans le nombre d'emplois plus considérable, de jour en jour, auxquels on admet les femmes, triomphe aussi dans la situation

(1) Le Ministre de la Guerre à la citoyenne Catherine Pochat, sous-lieutenant, demeurant à Paris, rue de Bussy, nᵒ 303 : « Je vous donne avis, citoyenne, qu'aux termes de l'art. 54 du décret du 28 fructidor an VII, votre pension vient d'être convertie en solde de retraite, et fixée à la somme de 550 francs.

« Je vous salue,

« CARNOT. »

(G. Breuillac. Op. cit., p. 38, note 2.)

(2) Jean Alesson. Les Femmes militaires, p. 23.

qui est faite aux femmes fonctionnaires ; elle est, en
général, la même que celle des hommes, pendant la
durée du service, et après la cessation des fonctions
pour le droit à pension. Ce dernier droit, qui fut accordé,
sous la Révolution et sous l'Empire, aux femmes soldats au même titre qu'aux hommes, ne fut pas contesté aux femmes fonctionnaires civils. La loi du
9 juin 1853 (1) sur les pensions civiles, bien que ne
visant formellement que les fonctionnaires hommes, a
été étendue, par une jurisprudence constante, aux fonctionnaires femmes. Comme les hommes, les femmes
qui restent dans leurs emplois le temps déterminé par
la loi, ou qui contractent des infirmités dans l'exercice
de leurs fonctions, ont droit à une pension de retraite ;
elles y ont droit aux mêmes conditions que ceux-ci,
pour elles-mêmes, durant leur vie, et après leur mort,
pour leurs orphelins mineurs. Les femmes sont ainsi
placées dans un état d'égalité absolue, vis-à-vis des
hommes en ce qui concerne la jouissance de la pension. Cependant, sur le point de savoir si le droit à
pension d'une femme fonctionnaire ouvrait également
à ses orphelins mineurs, comme à ceux des fonctionnaires hommes, aux termes de l'article 16 de la loi du
9 juin 1853, le droit à un secours annuel égal au tiers
de la pension due au fonctionnaire, il y eut, en 1881,
une tentative de revirement dans la jurisprudence. La
question fut soulevée en 1880 ; une ex-receveuse des

(1) Tripier. Suppl., p. 454.

postes, titulaire d'une pension de retraite de 411 fr.
était morte laissant trois enfants mineurs ; un avis de
la section des finances du Conseil d'Etat du 4 janvier 1881, déclara alors que la loi du 9 juin 1853 n'au-
torisait pas la réversibilité de la pension aux enfants,
quand c'était la mère qui avait obtenu la pension en
qualité de fonctionnaire, et le ministre des postes et
télégraphes repoussa la demande adressée au nom des
enfants mineurs par leur père, et tuteur légal. On en
appela au Conseil d'Etat. Il fut alors argumenté de la
jurisprudence constante à appliquer, sans conteste, la
loi de 1853 dans toutes ses dispositions aux femmes
fonctionnaires ; de plus, jamais auparavant, on n'avait
mis en doute que les orphelins d'une femme fonctionnaire pussent invoquer le bénéfice de l'article 16, et
réclamer l'allocation d'un secours annuel, comme les orphelins d'un fonctionnaire homme ; notamment, en 1870,
1873, 1874, des liquidations de secours annuels avaient
été soumises en faveur des enfants mineurs de plusieurs receveuses des postes, à la section des finances
qui n'avait fait aucune difficulté pour les approuver ;
sans doute, l'article 16 ne vise textuellement que les
orphelins des hommes fonctionnaires, mais on ne saurait, sans contradiction, s'en tenir à la lettre de la loi
pour cet article unique, tandis qu'on n'hésite pas à étendre aux femmes toutes les autres dispositions qui
cependant ne visent également que les hommes. La
question ne pouvait pas faire de doute ; aucun motif,
ni rationnel, ni juridique, ne justifiait ce retour partiel à

l'idée traditionnelle de l'inégalité des sexes ; un arrêt du Conseil d'Etat du 3 mars 1882 (1), vint confirmer la jurisprudence antérieure, et déclarer que la disposition de l'article 16 de la loi du 9 juin 1853, qui accorde des secours annuels aux orphelins laissés par un fonctionnaire décédé titulaire d'une pension civile, s'applique aux orphelins laissés par une femme fonctionnaire.

Ainsi, sûre et féconde, grandit et s'étend l'évolution, partout où des textes directement opposés ne viennent pas l'entraver, ni la question de la capacité politique l'arrêter dans ses progrès légitimes ; la vieille idée traditionnelle de l'inégalité des sexes, de l'infériorité et de la subordination nécessaire de l'un vis-à-vis de l'autre, s'atténue au point de s'effacer presque, de disparaître même complètement, dans la réglementation des droits et des devoirs tenant à la fonction ; la justice, ici aussi, a commencé à s'imposer, à l'égalité de savoir tend à correspondre l'égalité de titre à exercer les fonctions publiques ; à égalité de services rendus, égalité de récompense.

(1) D. 1883. IIIe partie, p. 65.

## Chapitre IV

### Professions littéraires et artistiques.

———

Tandis que l'évolution devait être lente et laborieuse, au point de vue des professions se rattachant aux fonctions publiques; qu'elle fut plus facile et rapide, pour les professions privées, soit qu'elles appartinssent au commerce et à l'industrie, où le peu de considération était une garantie de bon accueil en faveur du principe d'égalité, soit qu'elles fussent au nombre des professions libérales, comme la profession de médecin et de pharmacien, où la tradition elle-même fournissait un point de départ au progrès, et pourvu quelles ne présentassent aucun élément d'office public, comme la profession d'avocat, ce qui faisait alors retomber la profession au rang moins favorable, quant à l'évolution, des fonctions publiques; dans le domaine des arts et des lettres, ou les carrières ouvertes furent de tous temps accessibles aux femmes, ou elles appartenaient à la sphère des occupations intimes et purement privées, qui ne reçoivent aucun contrôle, qui souvent ne tiennent compte ni de l'approbation ni du blâme de l'opinion publique pour se produire, et qui s'adressent à un public d'élite, dont le jugement plus éclairé et impartial, accueille en géné-

ral l'œuvre qui lui est soumise, selon ses mérites et sa
valeur propres.

Cependant, l'évolution qui se produisit dans le
domaine de l'éducation retentit jusqu'à un certain
point dans celui des arts et des lettres ; ce fut surtout
à partir de l'époque où on commença à enseigner le
dessin et la peinture aux femmes, dans les différentes
écoles et pensionnats, qu'il se révéla des peintres
parmi les femmes ; le nombre des femmes écrivains est
beaucoup plus considérable aujourd'hui, qu'il ne le fut
au commencement du siècle et dans les siècles précédents.

En ce qui concerne les arts, la situation des femmes
n'est toutefois pas encore la même que celle des
hommes. Elles sont reçues à concourir avec ceux-ci
pour l'admission de leurs œuvres aux salons, elles ont
les mêmes moyens d'éducation artistique, les musées
leur sont ouverts, elles sont reçues à y travailler aux
mêmes conditions que les hommes, mais l'École des
beaux-arts ne leur est pas ouverte (1). Cette situation
d'inégalité inexplicable, dans la patrie de Mᵐᵉ Vigée-
Lebrun, de Rosa Bonheur et de Madeleine Lemaire,
a attiré l'attention de quelques femmes qui se sont
consacrées aux arts ; parmi elles, il faut nommer
Mᵐᵉ Bertaux, statuaire de mérite, fondatrice de la
Société des femmes peintres et sculpteurs. Par ses
soins, des expositions d'œuvres d'art dues au pinceau

_____

(1) Ordonnance 1819, modif. Décr. 13 nov. 1863.

ou à l'ébauchoir de femmes artistes, ont été organisées avec un plein succès. Cette tentative, encouragée par la critique, approuvée par le public, ne démontre-t-elle pas l'injustice de l'exclusion qui pèse sur les femmes, quand il s'agit d'une partie de l'éducation artistique? puisqu'on applaudit à l'exposition de ces merveilles : « le portrait d'une mère et de son enfant », le « labourage dans le Berry », pourquoi ferme-t-on la porte des concours, dans l'École des beaux-arts, à des femmes qui deviendraient peut-être les émules ou les supérieures de M<sup>me</sup> Vigé-Lebrun et de Rosa Bonheur ?

Parmi les carrières artistiques qui donnent lieu aux réglementations du législateur, et qui ne sont pas du domaine purement privé, la profession d'actrice, qui avait été accessible aux femmes en droit romain, jusqu'à Théodose (385), qui leur fut ouverte à nouveau à partir du xvii<sup>e</sup> siècle, ne cessa plus dès lors d'offrir un vaste champ d'emploi à leur activité ; la déclamation, le chant, la danse, sont autant de branches diverses que peuvent cultiver les femmes.

Au point de vue juridique de l'exercice de la profession, les actrices ont les mêmes droits et sont soumises aux mêmes règlements que les acteurs, il n'y a pas de différence sociale entre les uns et les autres; s'il existe quelques différences, ce sont celles qui se rattachent au droit civil : ainsi la femme mariée a besoin de l'autorisation maritale pour contracter un engagement artistique, assimilé à une entreprise commerciale; mais hors de là et au point de vue unique de la profession, il y a égalité de droits pour les deux sexes. L'État donne aux femmes les mêmes moyens d'instruction qu'aux hommes. L'école nationale du Conservatoire de musique et de déclamation est ouverte aux deux sexes ; l'égalité existe même au point de vue pécuniaire : le talent réel de l'artiste étant en général la seule considération qui détermine ses chances de succès.

Les carrières littéraires d'écrivain et de journaliste sont aussi aujourd'hui accessibles aux femmes aux mêmes conditions qu'aux hommes.

En ce qui concerne les livres, brochures, et autres publications du même genre qui forment la presse non périodique, les droits de la femme furent de tous temps égaux à ceux de l'homme.

L'Académie française n'a pas cru cependant devoir ouvrir ses portes aux femmes écrivains; c'est là un phénomène bien singulier à une époque où les lettres s'honorent des œuvres de femmes comme Mᵐᵉ de Staël et Mᵐᵉ Georges Sand et ne se glorifient guère des poésies (pour ne citer qu'un nom) de M. Baour-Lormian, de l'Académie française.

Quant à la presse périodique, les journaux et revues paraissant à jour fixe ou par livraisons, ce n'est que depuis 1881 que la femme jouit sur tous les points des mêmes droits que l'homme. Le droit des femmes à être imprimeur ou libraire ne leur fut jamais contesté ; elles purent aussi de tous temps rédiger des articles dans les journaux, et même être propriétaires de l'un de ces organes de publicité ; mais le droit de gé-rance ne leur fut définitivement reconnu en France que par une circulaire du 9 novembre 1881, commentant la loi sur la presse du 29 juillet 1881.

D'après la loi de 1828 sur la presse (1), pour être gérant d'un journal, il fallait avoir la qualité requise par l'article 980 du Code civil (2), c'est-à-dire être du sexe masculin.

Sous l'empire de la loi du 11 mai 1868 (3), les dispositions de 1828 sur la gérance, étaient considérées comme restant toujours en vigueur.

La loi du 29 juillet 1881 (4) qui régit actuellement la presse, statue que le gérant devra être « français, majeur, avoir la jouissance de ses droits civils, et n'être privé de ses droits civiques par aucune condamnation judiciaire (5). »

En l'absence, dans le texte, de toute réserve sur le sexe du gérant, les femmes doivent être considérées comme capables d'en remplir les fonctions. Ce fut l'interprétation que donna le garde des sceaux, dans sa circulaire du 9 novembre 1881 : celui-ci déclara que les conditions de la législation antérieure au sujet du sexe du gérant étant supprimées, les femmes pouvaient

---

(1) Loi du 18 juillet 1828. Tripier. Suppl. p. 295.
(2) Art. 5 de la loi du 18 juillet 1828.
(3) Tripier. Suppl., p. 639.
(4) Tripier. Suppl., p. 1038.
(5) Art. 6, al. 2.

exercer aujourd'hui la gérance. Il est d'ailleurs entendu que les femmes mariées, ne pouvant engager leur responsabilité qu'avec l'autorisation maritale, elles devront, pour assumer la gérance, être *habilitées* par leur mari, sans doute aux mêmes conditions que s'il s'agissait d'une entreprise commerciale.

La loi du 29 juillet 1881 règle aussi l'affichage, le colportage et la vente des journaux sur la voie publique. Ses dispositions sont renouvelées de la loi du 9 mars 1878 (1). Or, sous l'empire de cette loi, la Cour de cassation avait déjà jugé (2) que la femme pouvait exercer la profession de colporteur; la question aujourd'hui doit donc être résolue dans le même sens, par *à fortiori* de la profession de gérant.

Sur la question de la liberté de la presse, la majorité des pays d'Europe font à la femme la même situation que la France. L'Allemagne et l'Autriche même, qui, en général, s'attachent obstinément à l'esprit traditionnel, reconnaissent les femmes capables de remplir la fonction de rédacteur responsable (3). On ne peut guère citer que l'Espagne et la Bulgarie qui affirment

---

(1) Bull. des Lois, 12e série, no 6964.

(2) Cass. 11 juillet 1879. Journal du Palais, 1879, 1107. L'arrêt décide que si une femme subit une condamnation de la nature de celles qui emportent pour les hommes privation des droits politiques, elle contrevient à la loi en se livrant au colportage.

(3) Loi du 7 mai 1874 pour l'Allemagne.

Loi du 17 décembre 1862 pour l'Autriche.

leur opposition au mouvement du progrès jusqu'en cette matière; la loi espagnole du 26 juillet 1883 et la loi bulgare du 29 décembre 1887 exigent, pour être éditeur ou rédacteur (1), la jouissance des droits civils et politiques.

Sur ce point encore, l'idée progressiste a imprimé la marque de son passage; elle avait d'ailleurs peu à ajouter pour achever la mise en œuvre du principe d'égalité dans la sphère de ces carrières ouvertes à tous et en tous temps, aux hommes du tiers état du moyen âge, comme aux esclaves de l'antiquité, et où quelques femmes parvinrent à s'illustrer, même en Grèce, même en Orient, en dépit de la subordination rigoureuse à laquelle elles étaient soumises dans ces pays. Maîtresse de l'opinion publique en ce qui touche les professions privées, commerciales et scientifiques, s'élevant par un processus rapide au dessus de la tradition exclusive, aussi dans le domaine des fonctions publiques, la notion d'équité qui dominait déjà dans les œuvres purement intellectuelles et artistiques, pendant le règne même de la subordination générale, devait établir tout d'abord son empire absolu sur ce terrain privilégié.

(1) M. Ostrog. Op. cit.

## Chapitre V

### Professions traditionnelles.

———

Les résultats de l'évolution accomplie au cours du xixᵉ siècle ne se constatent pas seulement par le nombre, de jour en jour plus considérable, des carrières ouvertes aux femmes : en vertu du jeu naturel des lois économiques, celle-ci retentit jusqu'en les professions qui leur furent abandonnées de tous temps, jusqu'en les professions traditionnelles.

L'effet ici produit est double; ces professions restent librement accessibles à toutes, comme par le passé ; mais par suite de l'application presque complète, dans le domaine de l'éducation, du principe d'égalité, par suite de l'accès, ouvert aux femmes, à de nouvelles carrières, beaucoup moins s'offrent à tenir ces emplois ; comme conséquence, les demandes devenant supérieures aux offres, la condition des employées s'élève en raison directe des progrès de l'évolution dans les domaines voisins. Les salaires des femmes remplissant les fonctions subalternes de serviteurs attachés à la personne, suivantes, chambrières, nourrices, gouvernantes, et qui leur furent presque seules accessibles, sous l'empire des principes traditionnels, sont considérablement plus élevés aujourd'hui, qu'au commencement du siècle, et que dans l'ancien droit.

La réalisation effective de la notion d'équité devra arriver à faire aux femmes, ici encore, une situation économique égale à celle des hommes exerçant des professions analogues. Le législateur les met déjà sur un pied d'égalité absolue avec ceux-ci, au point de vue juridique, l'article 2101, 4° du Code civil, qui donne aux gens de service un privilège pour recouvrer leur salaire de l'année échue et de l'année courante, ne distingue pas entre les sexes; le principe d'égalité s'imposera, au dernier terme de l'évolution, aussi dans la question économique de la quotité des gains.

La seconde conséquence, relative aux professions traditionnelles, de l'application en fait des principes posés en théorie, sera sans doute la diminution du nombre, des femmes qui s'abandonnent elles-mêmes, pour vivre, et qui doivent demander au métier de courtisane, les ressources nécessaires pour subvenir à leur entretien, parfois, à celui de leurs enfants. Cette profession, qui fut si répandue au moyen âge, si brillamment illustrée en Grèce, et par imitation, à Rome, devra s'atténuer en raison des progrès accomplis, pour disparaître des civilisations éclairées, où la législation et la pratique réaliseront l'application de plus en plus large de la notion d'équité et du principe d'égalité.

# CONCLUSION

L'histoire de l'évolution dans la situation économique de la femme vient ainsi compléter les raisonnements philosophiques et apporter des éléments nouveaux à la solution du problème. En cette matière spéciale, comme dans la question générale, dans cette dernière comme en le domaine plus vaste des questions sociales, le progrès, d'un peuple à l'autre, d'une période de civilisation à la suivante, de siècles en siècles, se manifeste uniformément par une application plus exacte et plus précise de la notion d'équité ; celle-ci, à tous les âges, sous toutes les latitudes, domine et dirige invariablement comme d'en haut, et par une marche ascendante, le *processus* de toute institution vers un but, toujours le même, plus élevé de degré en degré, dont le terme final doit donner la réalisation de la justice et de l'égalité, le règne d'une harmonie complète entre les divers éléments sociaux, la plus juste expression du droit par la loi.

Dans la question des femmes, l'évolution a suivi lentement, mais d'une manière continue et progressive, à travers les innombrables obstacles suscités par les faits et par la tradition, la voie conforme au droit, que lui traçait l'équité : partie du degré infime des organisations primitives où la force prime le droit, où le groupe absorbe l'individu, où la femme est l'esclave de l'homme, elle franchit bientôt les stades intermédiaires, pour atteindre le terme supérieur où le despotisme s'efface devant le droit, où l'individu s'élève au dessus de la famille, en attendant qu'il s'affirme en face de l'Etat ; où la femme devient la compagne de l'homme et son associée dans la famille. Le principe progressiste, fort de toute l'autorité de la justice, triomphe finalement des résistances de la tradition ; il s'affirme tout-puissant, dès l'antiquité, dans la pratique romaine, plus tôt, même, dans la législation égyptienne, et dans les sociétés où la notion d'équité n'eut pas à lutter contre la force physique, où la tradition était elle-même progressiste. Refoulé et arrêté dans son essor au moyen âge, par la renaissance des principes traditionnels et le développement considérable que leur donnèrent les Pères de l'Eglise et les Juristes, il puise des forces nouvelles dans les déclarations de 1789 ; le souffle de la Révolution lui imprime un élan qui l'élève rapidement au dessus de la tradition exclusive.

L'évolution a reconquis le terrain perdu au moyen âge, la situation économique des femmes, dans les états modernes, est supérieure, le plus souvent, à ce qu'elle fut à Rome, au moins égale, dans les cas les plus défavorables. L'évolution semble peu éloignée d'atteindre le terme final, qui devra donner l'application pure et simple du principe d'égalité dans le libre accès aux professions et fonctions sociales, ouvert indistinctement aux hommes et aux femmes, et dans la juste rémunération des services rendus par les uns et par les autres; elle atteindra ce terme dans un avenir plus ou moins éloigné, deux fois la notion d'égalité s'introduira dans le droit et ce sera comme la clef de voûte qui va résumer et concentrer en son unité, le progrès accompli, qui va consolider, du faîte à la base, ce monument élevé par les efforts de quarante siècles, reposant, comme sur une assise inébranlable, sur les principes éternels de la justice sociale.

Les principes philosophiques et l'utilité de la société postulent qu'il soit fait à la femme une situation économique égale à celle de l'homme ; la femme, comme tout individu, doit s'élever au-dessus de la famille, elle doit s'affirmer en face de l'Etat ; il ne suffit pas à la notion d'équité que la femme soit l'associée de l'homme dans la famille, il lui faut l'être aussi dans la cité ; il y a plus, elle ne peut l'être complètement en celle-là qu'en l'étant en celle-ci. L'histoire qui constate la progression constante, le développement continu, l'extension toujours plus considérable, en l'application, du principe d'égalité, qui nous montre les femmes, s'élevant de degré en degré, de la position d'esclave, tenue dans l'ignorance et enfermée dans le gynécée, à celle de mère et d'épouse, éducatrice intelligente des enfants, compagne éclairée de l'époux, et même asso-

ciée parfois à la vie publique de celui-ci comme à sa
vie privée, occupant, en de certaines civilisations et à
de certaines époques privilégiées, une situation sociale,
en dehors de la famille, égale à celle des hommes,
silhouette entrevue, comme en une réalisation anticipée
des principes directeurs de l'évolution, du terme final
conforme à l'équité où celle-ci devait aboutir ; l'histoire
s'accorde avec les principes, la pratique confirme la
théorie, le fait prouve la nécessité du droit, l'évolution
apporte comme une vérification partielle de l'hypothèse
généreuse du principe libéral : si la justice veut que
les femmes occupent dans la société une position économique égale à celle des hommes, chaque nouveau
stade de l'évolution a invariablement marqué une
amélioration de leur condition en ce sens ; on est donc,
semble-t-il, justement autorisé à conclure : les derniers
termes achèveront l'œuvre commencée. La femme ne
sera pas seulement l'associée de l'homme dans la
famille, mais comme déjà sous le régime féodal, la
dame de fief, comme dans l'antiquité, en la civilisation
égyptienne, et comme actuellement en la majorité des
Etats d'Amérique et dans quelques pays d'Europe à
de certains points de vue, la femme sera l'associée de
l'homme aussi dans l'Etat : en elle se manifestera, à côté
et indépendamment de la mère et de l'épouse, la personne humaine, l'individu membre de la cité, apte à
rendre les mêmes services sociaux que l'homme :
l'éducation des filles sera de tous points égale à celle
des garçons, les professions privées et les fonctions

publiques professionnelles seront également accessibles aux deux sexes et aux mêmes conditions ; ce sont les conclusions de l'équité et de la logique. Ainsi, de degré en degré, à travers les âges et les civilisations, de l'Orient à la Grèce, de la Grèce à Rome, de Rome à l'Europe moderne, de celle-ci au nouveau monde, se sera réalisé progressivement, dans la question de la condition économique des femmes, et revêtant une forme toujours plus précise, le principe de justice qui domine et élève à soi toute évolution, qui sert de règle inflexible, de modèle jamais changeant au droit et à la loi.

Le progrès social qui relèvera la condition de la femme et lui permettra d'être dans la vie politique, administrative, juridique, industrielle, l'égale de l'homme, si d'ailleurs, ses aptitudes justifient cette prétention à l'égalité, ce progrès ne saurait être ni anéanti, ni enrayé. Il y a déjà droit acquis, puisqu'il y a raison attestée. Si on veut se rendre compte de l'importance de l'évolution moderne à cet égard, il suffit de comparer entre elles les affirmations des écrivains du passé et des auteurs modernes sur la question de l'équivalence des sexes. Tandis que sous l'empire des préjugés théologiques, on examinait, non pas au moyen âge, mais en plein XVIᵉ siècle, la question de savoir si les femmes appartenaient à l'espèce humaine, tandis qu'on regardait au XVIIᵉ siècle comme un paradoxe audacieux, les timides revendications d'un Poulain de la Barre, voici que

sous la Révolution, l'un des philosophes les plus illus-
tres de la Convention nationale, l'un des esprits les
plus modérés et les plus vastes de notre pays, Condorcet, affirme hardiment l'égalité des droits pour l'homme
et pour la femme.

Au XIX° siècle, ce qui n'était qu'une opinion isolée,
apparaît comme une thèse presque universellement
acceptée, l'éclair est devenu le plein jour. Des théori-
ciens comme Pierre Leroux, des philosophes comme
Stuart Mill, gravement, doctement, soutiennent la doctrine de l'équivalence. Jadis, on aurait souri de leurs
efforts, raillé leur thèse; selon le mot de Beaumar-
chais, tout aurait fini par des chansons. Aujourd'hui
les railleries d'antan semblent non seulement insuffi-
santes, mais injustes, blessantes, pour la conscience
humaine, et si le ridicule est de quelque côté, c'est bien
plutôt du côté des détracteurs des droits des femmes,
que du côté de leurs défenseurs.

Des journaux se fondent, des sociétés se créent
pour la défense d'une juste cause : présentée avec
modération, appuyée de plus en plus sur des raisonnements et sur des faits, cette défense ne saurait que
gagner en popularité sérieuse. A qui la thèse de l'ac-
cession des femmes aux professions qu'elles peuvent
remplir mais dont quelques-unes ont été accaparées
par les hommes, pourrait-elle porter ombrage? Il ne
s'agit pas de déposséder d'un droit ceux qui le possèdent, il s'agit d'élargir la notion du droit. Cet agran-
dissement de justice apportera nécessairement une

force nouvelle à la société, car la prospérité de celle-ci dépend du concours de tous; là où des énergies, des puissances, des capacités sont tenues à l'écart, volontairement amoindries, il y a germe de dépérissement et de faiblesse ; là où de par la loi et les mœurs, toutes les virtualités peuvent vivre et se développer, il y a au contraire, occasion de prospérité et de grandeur. Avec quelques-uns des plus nobles penseurs de ce temps et à l'abri de l'autorité, nous demandons simplement pour la femme, un peu plus de justice et d'égalité sociale; le progrès, n'est-ce pas la diffusion du droit, la réalisation des réformes qui mettent l'équité au-dessus des abus de la force, la raison au-dessus des traditions ?

# INDEX BIBLIOGRAPHIQUE

---

## DROIT ANCIEN

*Révilloul.* — Cours de Droit égyptien. La situation légale de la femme.

*G. Paturel.* — La condition juridique de la femme dans l'ancienne Egypte.

*F. Robiou.* — Mémoire sur l'Economie politique, l'administration et la législation de l'Egypte au temps des Lagides.
Seconde partie : droit des femmes.

*Alb. Desjardins.* — Mémoire sur la condition de la femme athénienne.

*M^{lle} Bader.* — La femme grecque.

*R. Lallier.* — La femme athénienne.

*Bec de Fouquières.* — Aspasie de Milet.

*Em. Deschanel.* — Sappho et les courtisanes grecques (*Revue des Deux Mondes* du 15 juillet 1847).

*Schacher.* — De Feminis ex arte medica claris. Leipsik, 1538.

*Scoutetten.* — Histoire des femmes médecins depuis l'antiquité jusqu'à nos jours.

*Laurentii Pignorii Patavini.* — De servis et eorum apud veteres ministeriis commentarius (1656).

*M^{lle} Bader.* — La femme romaine.

*G. Boissier.* — La religion romaine d'Auguste aux Antonins. Livre III, ch. II.

*Grellet-Dumazeau.* — Le barreau romain.

*Dupouy.* — Médecine et mœurs de l'ancienne Rome.

*Masson.* — Les corporations en Droit romain. Thèse, Paris, 1888.

*Marquardt.* — Manuel des antiquités romaines. Trad. Humbert et Brissaud. Le culte chez les Romains. T. II.

*Aug. Bébel.* — La femme dans le passé, le présent et l'avenir.

*L. Bridel.* — La femme et le Droit.

*Starke.* — La famille primitive.

## DROIT MODERNE

*Michelet.* — Mémoire sur l'éducation des femmes au moyen âge, 1838.

*Leroux de Lincy.* — Les femmes célèbres de l'ancienne France.

*K. Bucher.* — Die Frauenfrage in Mittelalter. (Tubingen.)

*Dupouy.* — Médecins du moyen âge.

*E. Boileau.* — Les métiers et les corporations de la ville de Paris.

*Laboulaye.* — Condition civile et politique des femmes.

*Olympe de Gouges* (?). — Du sort actuel des femmes. (Imprimerie du Cercle social, 1791.)

*M^{me} Etta Palm. d'Aelders.* — Appel aux Françaises sur la régénération des mœurs et nécessité de l'influence des femmes dans un gouvernement libre. (Imprimerie du Cercle social, 1791.)

*Lairtullier.* — Les femmes célèbres de la Révolution.

*A. Le Faure.* — Le socialisme pendant la Révolution française. Ch. III. Paris, 1867.

*Condorcet et les Orateurs de l'Assemblée constituante. (Revue
hist. de la Révolution française,* 1882, t. II, p. 695,
745, 947. M. Aug. Dide.

*Proudhon.* — La justice dans la Révolution et dans l'Eglise.
Onzième étude. Tome III.

*Assollant.* — Le droit des femmes.

*M^{me} Jenny d'Héricourt.* — La femme affranchie. Paris,
Bruxelles, 1860.

*Legouvé.* — Histoire morale des femmes.

*M^{lle} Daubié.* — La femme pauvre au XIX^e siècle. Lyon, 1866.

*Duverger.* — Condition politique et civile de la femme.
*Revue pratique de Droit français,* 1868, t. II.

*P. Leroy-Beaulieu.* — Le travail des femmes au XIX^e siècle.
Paris, 1873.

*Léon Richer.* — La femme libre.

*Léon Giraud.* — Essai sur la condition de la femme.

*St-Mill.* — L'assujettissement des femmes. Trad. Cazelles.
Paris, 1876.

*A. Desprez.* — La femme esclave, courtisane et reine. Paris,
1885.

*Ch. Secrétan.* — Droit de la femme. Paris, 1886.

*G. Breuillac.* — La condition civique et politique de la femme.
Aix, 1886.

*P. Janet.* — L'éducation des femmes. (*Revue des Deux Mondes,*
1883, t. V.)

*A. Hurtrel.* — Condition sociale de la femme depuis l'antiquité jusqu'à nos jours. Paris, 1887.

*Jean Alesson.* — Les femmes militaires. Paris, 1886.

*E.-M. Mesnard.* — Les femmes médecins. Bordeaux, 1889.

*Franck.* — La femme avocat. Bruxelles, 1888.

*M. Ostrogorski.* — La femme au point de vue du droit public. Paris, 1892.

*Léon Giraud.* — Mémoire sur la condition des femmes au point de vue de l'exercice des droits publics et politiques. Paris, 1892.

*L. Büchner.* — La femme, sa situation naturelle et sa vocation sociale.

# TABLE DES MATIÈRES

———

# DROIT MODERNE

Paris. — Imp. de la Faculté de Médecine, Henri Jouve, 15, rue Racine